武当秘传打穴手

刘霓 著

北京体育大学出版社

策划编辑：吴海燕　王芳肖

责任编辑：曾　莉

责任校对：王泓滢

版式设计：高文函

图书在版编目（CIP）数据

武当秘传打穴手 / 刘霓著 . -- 北京：北京体育大
学出版社 , 2024. 6. -- ISBN 978-7-5644-4109-8

Ⅰ . G852.419

中国国家版本馆 CIP 数据核字第 2024PC1625 号

武当秘传打穴手
WUDANG MICHUAN DAXUESHOU

刘霓　著

出版发行：北京体育大学出版社
地　　址：北京市海淀区农大南路 1 号院 2 号楼 2 层办公 B-212
邮　　编：100084
网　　址：http://cbs.bsu.edu.cn
发 行 部：010-62989320
邮 购 部：北京体育大学出版社读者服务部 010-62989432
印　　刷：河北盛世彩捷印刷有限公司
开　　本：710mm×1000mm　　　1/16
成品尺寸：170mm×240mm
印　　张：14.25
字　　数：174 千字
版　　次：2024 年 6 月第 1 版
印　　次：2024 年 6 月第 1 次印刷
定　　价：45.00 元

作者简介

刘霓，中国传统文化促进会武学委员会副主任，取得中国武术七段段位，国家级武术段位制考评员、指导员，国家级社会体育指导员及培训导师；河南省混元太极拳研究会总教练，河南省老年人体育协会特聘专家；陈式太极拳第十二代传人，陈式心意混元太极拳第三代传人。现任"河南体育学院太极推手队"总教练，至今已培育出了数十位全国冠军，被学院多次评为"优秀教练员""先进工作者"。

　　"有所谓内家者，以静制动，犯者应手即仆，故别少林为外家"，"凡搏人皆以其穴，死穴、晕穴、哑穴，一切如铜人图法"。

　　"劲有蓄劲乘劲之别，打有等打赶打之分。未打之
先，蓄劲为主；已打之后，乘劲为佳；开手之始，等打为
优；发手之后，赶打为上"。

　　内家拳原传打法共三十势。单从适用打穴而言，其技法主要有十二势：分心十字、摆肘逼门、迎风铁扇、推肘捕阴、剪腕点节、红霞贯日、乌云掩月、仙人照掌、左右扬鞭、柳穿鱼、双架笔、顺手牵羊。此十二势中的每一势，皆可谓之"母手"，不但可用于攻击敌方的多个部位，而且同一招势对敌时也会有不同的变化，化生出很多"小手"。

　　字门，"以字行拳"，以八字为根，即"残、推、援、夺、牵、捺、逼、吸"，化生出很多技法。八字打穴，每一字有九手，八字共有七十二手，切合道家地煞之数，常被称为"地煞打穴手"。临敌自卫，即可击打敌方要穴，招招逼人，杀伤力强，令敌胆寒。

目　录

第一章　内家古传打穴手（12手）

第二章 武当天罡打穴手（36手）

第三章 字门地煞打穴手（72手）

第一章
内家古传
打穴手
（12手）

　　黄宗羲《王征南墓志铭》载："少林以拳勇名天下，然主于搏人，人亦得以乘之。有所谓内家者，以静制动，犯者应手即仆，故别少林为外家。盖起于宋之张三峰。三峰为武当丹士，徽宗召之，道梗不得进，夜梦玄帝授之拳法，厥明，以单丁杀贼百余。三峰之术，百年以后流传于陕西，而王宗为最著。温州陈州同从王宗受之，以此教其乡人，由是流传于温州。嘉靖间，张松溪为最著。松溪之徒三四人，而四明叶继美近泉为之魁，由是流传于四明。四明得近泉之传者，为吴昆山、周云泉、单思南、陈贞石、孙继槎，皆各有授受。昆山传李天目、徐岱岳；天目传余波仲、吴七郎、陈茂弘；云泉传卢绍岐；贞石传董扶舆、夏枝溪；继槎传柴元明、姚石门、僧耳、僧尾。而思南之传则为王征南……凡搏人皆以其穴，死穴、晕穴、哑穴，一切如铜人图法。有恶少侮之者，为征南所击，其人数日不溺，踵门谢过，乃得如故。牧童窃学其法以击伴侣，立死。征南视之曰：此晕穴也，不久当甦。已而果然。"

金一明《武当拳术秘诀·拳术打法》载："歌曰：打法名家各不同，伏如处女謷如鸿，铁鞋踏破江湖上，不及张家妙术工。劲有蓄劲乘劲之别，打有等打赶打之分。未打之先，蓄劲为主；已打之后，乘劲为佳；开手之始，等打为优；发手之后，赶打为上。兹将打法之色名（此处史料有误，应为"名色"），分志于下：长拳滚砍、分心十字、摆肘逼门、迎风铁扇、异物投先、推肘捕阴、弯心杵肋、舜子投井、剪腕点节、红霞贯日、乌云掩月、猿猴献果、绾肘裹靠、仙人照掌、弯弓大步、兑换抱月、左右扬鞭、铁门闩、柳穿鱼、满肚疼、连枝箭、一提金、双架笔、金刚跌、双推窗、顺牵羊、乱抽麻、燕抬腮、虎抱头、四把腰。凡名皆有势，每势能变势，练习纯熟，始能应敌。"

武当内家拳是中国武术一大名宗。其技击术独树一帜，尤以打穴最为擅长。

内家拳原传打法共三十势，每势再变势，则变化无穷。单从适用打穴而言，其技法主要有十二势：分心十字、摆肘逼门、迎风铁扇、推肘捕阴、剪腕点节、红霞贯日、乌云掩月、仙人照掌、左右扬鞭、柳穿鱼、双架笔、顺手牵羊。此十二势中的每一势，皆可谓之"母手"，不但可用于攻击敌方的多个部位，而且同一招势对敌时也会有不同的变化。使用的劲路不同，化生出很多"小手"，但又不脱离其"大势"，这是武当内家拳的核心特点。如红霞贯日，实战时可先擒压敌腕，再圈打其太阳穴；可先拨开敌臂，再冲打其耳门穴；可拦中带打，顺势发力，掌插敌方人迎穴。

红霞贯日

（一）打太阳

【技击用法】

1. 敌方右脚上步，右拳冲击我方面部。我方撤步沉身；同时，右手上挑，格挡敌方右臂，阻截敌拳攻击。（图1-1）

2. 随即，我方右手旋抓敌方右腕，向右拉拽；同时，左脚上步，左腿后拦敌方右腿；左臂屈肘下压敌方右肘，迫其前倾失力。（图1-2）

▲ 图1-1

▶ 图1-2

3. 动作不停，我方左肘下压敌方右臂；同时，右手乘机向前圈击，用鸡心捶点打敌方左额太阳穴。（图1-3）

⤊ 图1-3

注：鸡心捶，也叫透骨拳或中尖拳，五指握紧，中指中节骨节前突，以此发力伤敌，是武当内家打穴最常用的拳形。使用冲劲时，常拳心向下；使用崩劲时，常拳心向内；使用掏劲时，常拳心向上；使用圈劲或栽劲时，常拳心向后。大致如此，读者请注意此点，更易发劲，且力量充足。

【穴位位置】

太阳穴：在头部，眉梢与目外眦之间，向后约一指凹陷处。

（二）打耳门

【技击用法】

1. 敌方右脚上步，右拳崩击我方面部。我方向后滑步，避过敌方拳击，左掌上挑，外挡于敌方右臂内侧。（图1-4）

2. 随即，我方向前滑步；同时，右掌先由上向下，再向右划劲劈开敌方右臂，使其侧倾失力。（图1-5）

❀ 图1-4

❀ 图1-5

3. 动作不停，我方左手握成鸡心捶，向前崩击敌方右侧耳门穴。（图1-6）

【穴位位置】

耳门穴：在耳区，耳屏上切迹与下颌骨髁突之间凹陷处。

☆ 图1-6

（三）打人迎

【技击用法】

1. 敌方右脚上步，右手虚晃，左拳栽击我方腹部。我方撤步吞身，左手上拦，以防不测；同时，右手向下拦格敌方左腕，阻截敌方拳击。（图1-7）

2. 敌方右拳连击而出，冲击我方面部。我方左肘划劲上抬，拦架敌方右臂，化解敌方来拳。（图1-8）

3. 动作不停，我方左脚前移，上身前探，右掌旋转向前上穿（穿插掌），插击敌方左颈人迎穴。（图1-9）

☆ 图1-7

☆ 图1-8

☆ 图1-9

注：穿插掌，五指紧并，指尖发力，伤敌要穴，是武当内家打穴最常用的掌形，简称穿掌或插掌，也叫标掌、刺掌、戳掌等。可用俯掌穿插，常掌心向下；可用侧掌穿插，常掌心向内；可用仰掌穿插，常掌心向上；可用反掌穿插，常掌心向外。

【穴位位置】

人迎穴：在颈部，横平喉结，胸锁乳突肌前缘，颈总动脉搏动处。

柳穿鱼

（一）打廉泉

【技击用法】

1. 敌方右脚上步，右拳向下插击我方腹部。我方向后滑步，避过敌拳之际，左臂向下反拦敌方右腕，化解敌拳力道。（图1-10）

△ 图1-10

2. 随即，我方左脚上步，左腿后拦敌方右腿；同时，左手穿过敌方右腋，从后按压敌方左肩，不让其逃。（图1-11）

3. 动作不停，我方左脚前滑，身体前靠，左手扳住敌头左侧（或左耳部）助劲；同时，右手穿掌，向前上插，戳击敌方颈部廉泉穴。（图1-12）

【穴位位置】

廉泉穴：在颈前区，喉结上方，舌骨上缘凹陷处，前正中线上。

⌃ 图1-11

⌃ 图1-12

（二）打鸠尾

【技击用法】

1. 敌方右脚上步，右拳摆扫我方头部。我方向后滑步，沉身后坐，避过敌方来拳，双手成抱球状拦于身前，封闭上门，蓄势待发。（图1–13）

2. 随即，我方上身前移，左拳捅击敌方胸前天突穴。敌方向左偏身，右臂向下反格我方左腕。（图1–14）

❯ 图1–13

❯ 图1–14

3. 动作不停，我方两脚前滑，身体前靠，左手前伸抓抱敌方左颈；同时，右掌向前上穿，戳击敌方腹部鸠尾穴。（图1-15）

【穴位位置】

鸠尾穴：在上腹部，胸剑结合部下1寸，前正中线上。

❭ 图1-15

（三）打哑门

【技击用法】

1. 敌方右脚上步，右拳崩击我方脸部。我方向后滑步，避过敌方拳击，右掌向前上挑，拦格敌方右臂。（图1-16）

2. 随即，我方右脚上步，右腿后绊敌方右腿；同时，上起左掌，按压敌方右上臂；右掌前伸，反手扣抓敌方后脑。（图1-17）

3. 动作不停，我方左脚绕上一步，进于敌方身后；同时，向右转身，右掌扒按敌方后脑；左掌上穿，戳击敌方颈后哑门穴。（图1-18）

【穴位位置】

哑门穴：在颈后区，第2颈椎棘突上际凹陷处，后正中线上。

⊗ 图1-16

⊗ 图1-17   ⊗ 图1-18

推肘捕阴

（一）打神阙

【技击用法】

1. 敌方右脚上步，右拳崩击我方脸部。我方向后滑步，避过敌方拳击，左掌向外拦格敌方右臂。（图1-19）

2. 随之，我方右手抓拧敌方右腕；同时，左脚前移，左臂屈肘前顶敌方右腋极泉穴。敌方撤身后避。（图1-20）

❰❰ 图1-19

❰❰ 图1-20

3. 动作不停，我方左手速变穿掌，顺势向下插击，打敌腹部神阙穴，致其难逃。（图1-21）

【穴位位置】

神阙穴：在腹中部，脐中央。

⊼ 图1-21

（二）打中极

【技击用法】

1. 敌方右脚上步，右拳冲击我方脸部。我方向后滑步，上起左掌，拦格敌方右臂。（图1-22）

2. 随即，我方左脚进步，左臂屈肘前顶敌方右胸期门穴，右掌推住左拳助力。敌方两脚后滑躲过，左掌前推我方左肘。（图1-23）

3. 动作不停，我方左脚再进，左拳变掌向前上翻，掌背发力，甩击敌方鼻子（此为佯攻，引诱敌方上防而下门空虚，也可因此遮蔽敌方视线，利我连击）；同时，右手乘机猛劲下插，击其小腹中极穴，致其难逃。（图1-24）

【穴位位置】

中极穴：在下腹部，脐中下4寸，前正中线上。

⊗ 图1-22

⊗ 图1-23

⊗ 图1-24

（三）打气海

【技击用法】

1. 敌方突击，右腿扫踢我方左腿。我方后撤，收步缩身；同时，左手下勾，外挂敌方右腿，破解来踢。（图1-25）

2. 随即，我方左脚进步，弓步发力；左臂屈肘前顶敌方腹部鸠尾穴，右掌抵住左拳助力。敌方右脚后收落步，仰身避过。（图1-26）

❖ 图1-25

❖ 图1-26

3. 动作不停，我方两脚滑步速进，急发左手穿掌，下插敌方小腹气海穴，将其击伤。（图1-27）

【穴位位置】

气海穴：在下腹部，脐中下1.5寸，前正中线上。

⚜ 图1-27

迎风铁扇

四

（一）打玉枕

【技击用法】

1. 我方进步探身，左手反背掌甩打敌方脸部。敌方退步吞身，抬起左臂，拦架我方左腕。（图1-28）

2. 我方左脚先上步，右脚随之绕步，进至敌方身后；同时，左掌向前划劲下挤，顺势按住敌方后背。（图1-29）

3. 动作不停，我方乘机向左转身，左腿弓步发力，右手穿掌猛力前插，伤敌脑后玉枕穴。（图1-30）

【穴位位置】

玉枕穴：在头部，横平枕外隆凸上缘的凹陷处，后发际旁开1.3寸。

⊗ 图1-28

⊗ 图1-29

⊗ 图1-30

（二）打风府

【技击用法】

1. 敌方右脚上步，右拳崩击我方胸部。我方撤步蹲身，避过敌拳，左掌向右拍击敌方右臂。（图1-31）

2. 随即，我方左掌向下按推敌方右臂，使之下落；同时，左脚前移，右掌劈击敌方头部右侧耳门穴。敌方低头避过。（图1-32）

❯ 图1-31

❯ 图1-32

3. 动作不停，我方右掌旋腕，按住敌方头顶；同时，身体右旋，左掌变鸡心捶，击其颈部风府穴。（图1-33）

【穴位位置】

风府穴：在颈后区，枕外隆凸直下，两侧斜方肌之间凹陷处。

☆ 图1-33

（三）打天容

【技击用法】

1. 敌方右脚上步，左拳冲击我方腹部。我方两脚后滑，吞身坐步；右掌向下砍击敌方左臂，将其左拳劈落。（图1-34）

2. 随即，我方左脚前移；同时，右掌向前扇击敌方左耳。敌方仰头闪过。（图1-35）

3. 动作不停，我方右掌原位速变鸡心捶，中指发力，钻击敌方左耳根天容穴。（图1-36）

【穴位位置】

天容穴：在颈部，下颌角后方，胸锁乳突肌前缘凹陷处。

☆ 图1-34

☆ 图1-36

☆ 图1-35

摆肘逼门

（一）打膻中

【技击用法】

1. 敌方右脚上步，右拳横击我方头部。我方撤步吞身；同时，上提左手格挡敌方右臂，阻截敌方拳击。（图1-37）

2. 随即，我方右脚前移；右臂屈肘，向前横扫，伤其头颈，破其架势。（图1-38）

五

❯ 图1-37

❯ 图1-38

3. 动作不停，我方左手冲出鸡心捶，重创敌方胸部膻中穴。（图1-39）

【穴位位置】

膻中穴：在胸部，横平第4肋间隙，两乳头连接线的中点，前正中线上。

☆图1-39

（二）打天突

【技击用法】

1. 敌方右脚上步，右拳冲击我方脸部。我方向左旋身，扭步闪过；左手拦截敌方右腕，右前臂横挡敌方右臂。（图1-40）

2. 随即，我方右脚上步于敌方裆下；同时，右肘顺势向前摆击敌方鼻子。敌方右脚收步，向后仰身。（图1-41）

3. 动作不停，我方右掌前画，伸臂发力，插击敌方喉下天突穴。（图1-42）

【穴位位置】

天突穴：在颈前区，胸骨上窝中央，前正中线上。

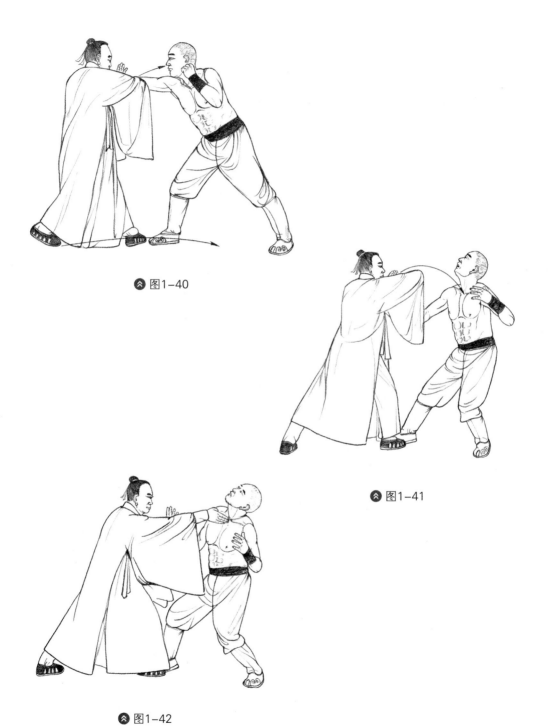

❖ 图1-40

❖ 图1-41

❖ 图1-42

（三）打膺窗

【技击用法】

1. 敌方左脚进步，左拳冲击我方脸部。我方向后滑步；左掌前伸，拦切敌方左臂。（图1-43）

2. 随即，我方左掌外旋，抓捋敌方左腕；同时，右脚上步，上体左转之际，右臂屈肘横击敌方上臂，致其疼痛失力。（图1-44）

图1-43

图1-44

3. 动作不停，我方右脚弓步前滑；同时，向前展右臂，右手成鸡心捶，猛击敌方左胸膺窗穴。（图1-45）

【穴位位置】

膺窗穴：在胸部，第3肋间隙，前正中线旁开4寸。

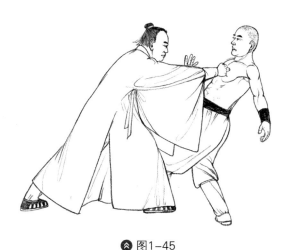

⊙ 图1-45

剪腕点节

（一）打期门

【技击用法】

1. 敌方右脚上步，右拳崩击我方脸部。我方向后滑步，吞身避过；两掌上起，向内剪夹敌方右腕右肘，阻截敌方攻击，伤其右臂关节。（图1-46）

2. 随即，我方左脚稍进，向下沉身；右掌屈腕成勾，向右下挂敌方右腕，致其身向左倾。（图1-47）

3. 动作不停，我方左脚再进；同时，左手穿掌，插击敌方右肋期门穴。（图1-48）

【穴位位置】

期门穴：在胸部，第6肋间隙，前正中线旁开4寸。

六

❯ 图1-46

❯ 图1-47

❯ 图1-48

（二）打章门

【技击用法】

1. 敌方右脚上步，右拳冲击我方脸部。我方向后滑步，避敌锋芒之际，右掌上挑，拦格敌方右腕。（图1-49）

2. 随即，我方右掌旋抓敌方右腕，上体右旋，左脚前滑；同时，左肘向右横撞敌方右肘，伤其关节。（图1-50）

❯ 图1-49

❯ 图1-50

3. 动作不停，我方向左转体，两脚摆扣；同时，左肘压落敌方右臂；右手顺势穿掌，向前插出，截击敌方右肋章门穴。（图1-51）

【穴位位置】

章门穴：在侧腹部，第11肋游离端下方。

☆图1-51

（三）打腹结

【技击用法】

1. 敌方右脚上步，左拳冲击我方脸部。我方滑步吞身，避敌锋芒之际，右掌上挑，拦格敌方左腕。（图1-52）

2. 随即，我方右掌外旋，抓扣敌方左腕向下拉拽；同时，两脚前滑；左肘盘压敌方左肘，左掌旋按住自己右掌助力，伤其关节，致其前倾失力。（图1-53）

3. 动作不停，我方右手乘机松开，从敌方左臂内侧下穿，突然袭击，伤其左侧腹结穴。（图1-54）

【穴位位置】

腹结穴：在下腹部，脐中下1.3寸，前正中线旁开4寸。

⊗ 图1-52

⊗ 图1-53

⊗ 图1-54

仙人照掌

（一）打印堂

【技击用法】

1. 敌方前移，右腿扫踢我方左肋。我方略向后滑步，左手反捞，勾挂敌方右腿，阻截敌方来踢。（图1-55）

2. 随即，我方左肘顺势兜夹敌方右腿，向上抱起；同时，右脚跨上一步，右掌扑击敌方面部，致其后倾欲倒。（图1-56）

⊗ 图1-55

⊗ 图1-56

3. 动作不停，我方右掌转腕握成鸡心捶，寸劲前抖，点打敌方眉心印堂穴。（图1-57）

【穴位位置】

印堂穴：在额部，两眉头中间凹陷处。

⤊ 图1-57

（二）打人中

【技击用法】

1. 敌方右脚上步，右拳崩击我方脸部。我方撤步，向左偏身避闪，右掌上挑，拦格敌方右臂。（图1-58）

2. 随即，我方右脚前移；同时，右掌旋压敌方右臂顺势前滑，托击敌方下颌，致其仰头后倒。（图1-59）

3. 动作不停，我方跟踪追击，右掌转腕握成鸡心捶，寸劲砸击，伤其上唇人中穴。（图1-60）

【穴位位置】

人中穴：在面部，上居正中的纵形凹沟。

❯❯ 图1-58

❯ 图1-59

❯ 图1-60

（三）打神庭

【技击用法】

1. 敌方右脚上步，右拳栽击我方腹部。我方向后滑步，避敌锋芒，左掌向下画拍敌方右腕。（图1-61）

2. 随即，我方左脚前移；同时，右掌向前推按敌方脸门，致其后仰，封其双眼。（图1-62）

图1-61

图1-62

3. 动作不停，我方右掌沉腕握成鸡心捶，顺势下磕，伤其额上神庭穴。（图1-63）

【穴位位置】

神庭穴：在头部，前发际正中直上0.5寸。

⚠ 图1-63

乌云掩月

（一）打长强

【技击用法】

1. 敌方进身，左脚弹踢我方腹部。我方稍撤，左脚后收，虚步沉身；同时，左手向左下勾，挂开敌方左小腿。（图1-64）

2. 随即，我方左脚向左摆跨一步；同时，左肘顺势兜抱敌方左腿，向上抬起，向左旋挤，致其重心失衡，身向右倾。（图1-65）

3. 动作不停，我方继续加力，致其转身前仆之际，右掌屈指握成鸡心捶，猛击敌方臀后长强穴。（图1-66）

【穴位位置】

长强穴：在会阴区，尾骨下方，尾骨端与肛门连线的中点处。

❮ 图1-64

❮ 图1-65

❮ 图1-66

（二）打命门

【技击用法】

1. 敌方右脚上步，右拳崩击我方面部。我方向后滑步，避过敌拳锋芒，左手向右拍格敌方右臂。（图1-67）

2. 随即，我方左掌顺势推压敌方前臂，致其右拳下落失力；同时，右脚上步，后拦敌方右脚；右手前伸，从敌方右侧勾腕抓控敌方后颈。（图1-68）

图1-67

图1-68

3. 动作不停，我方右手继续向右旋劲，向下按压敌方脖颈（右肘助劲），致敌方低头躬身之际，左掌握成鸡心捶栽打敌方腰后命门穴，致其重伤。（图1-69）

【穴位位置】

命门穴：在脊柱区，第2腰椎棘突下凹陷处，后正中线上。

⬆ 图1-69

（三）打大椎

【技击用法】

1. 敌方前移，猛然发力，右腿踹击我方头部。我方左脚向左闪步，沉身避过敌方腿击。（图1-70）

2. 随即，我方右脚上步；同时，右掌猛推敌方右胯，致使敌方身体向左转，右脚失力落步，背对我方。（图1-71）

3. 动作不停，我方左掌握成鸡心捶，急袭而去，猛击敌方后背大椎穴，致其剧痛前栽。（图1-72）

【穴位位置】

大椎穴：在脊柱区，第7颈椎棘突下凹陷处，后正中线上。

☆图1-70

☆图1-71

☆图1-72

分心十字

（一）打乳根

【技击用法】

1. 敌方右脚上步，右拳冲击我方脸部。我方撤步坐身；左手上挑，拦格敌方右臂，阻截敌方拳击。（图1-73）

2. 随即，我方身体前倾，右掌变鸡心捶，崩打敌方嘴下承浆穴。敌方急抬左臂，架阻我方右腕。（图1-74）

九

⌃ 图1-73

⌃ 图1-74

3. 动作不停，我方左脚前移；左手鸡心捶再出，向下突击，点打敌方右侧乳根穴，致其剧痛难忍。（图1-75）

【穴位位置】

乳根穴：在胸部，第5肋间隙，前正中线旁开4寸，乳头直向下推一个肋间隙。

▲ 图1-75

（二）打商曲

【技击用法】

1. 敌方右脚上步，右拳冲击我方脸部。我方向后滑步，上起两掌，向左旋格敌方右臂。（图1-76）

2. 随即，我方左脚稍进，左掌砍击敌方右颈。敌方仰头避过。（图1-77）

3. 动作不停，我方左脚再进；右手鸡心捶紧跟，猛击敌方上腹商曲穴。（图1-78）

【穴位位置】

商曲穴：在上腹部，脐中上2寸，前正中线旁开0.5寸。

❯❯ 图1-76

❯❯ 图1-77

❯❯ 图1-78

（三）打建里

【技击用法】

1. 敌方右脚上步，右拳冲击我方脸部。我方向后滑步，上起两手，向右旋格敌方右臂。（图1-79）

2. 随即，我方右脚稍撤；两手同时擒抓敌方右拳与右前臂，向下猛劲拉拽，致其身倾步乱。（图1-80）

图1-79

图1-80

3. 动作不停，我方右手紧抓敌方右手；同时，左手穿掌，向前插击，伤其上腹建里穴。（图1-81）

【穴位位置】

建里穴：在上腹部，脐中上3寸，前正中线上。

❯ 图1-81

顺手牵羊

（一）打灵台

【技击用法】

1. 敌方右脚上步，左拳冲击我方脸部。我方向后滑步，避敌锋芒，上起左手，拦格敌方左臂。（图1-82）

2. 随即，我方左手旋抓敌方左腕向后牵拉，左脚撤步助劲；同时，右脚上步，右手推按敌方左上臂，欲将其擒拿。（图1-83）

3. 敌方右脚急忙前跨，卸化我方两手之劲。我方左手紧抓敌方手腕不放，不得让其逃脱；同时，右手速变鸡心捶，跟踪追击，重创敌方背脊灵台穴。（图1-84）

【穴位位置】

灵台穴：在脊柱区，第6胸椎棘突下凹陷处，后正中线上。

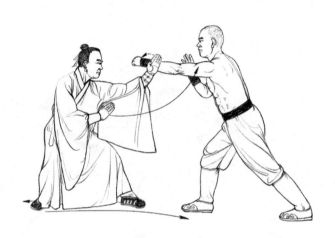

⚹ 图1-82

⚹ 图1-83

⚹ 图1-84

（二）打脊中

【技击用法】

1. 敌方右脚上步，右拳劈击我方脸部。我方撤步沉身，右手向上弹抖敌方右臂，震开敌方来拳。（图1-85）

2. 随即，我方右手扣抓敌方右腕，向右下方拉拽；同时，身体右转，左臂旋撞敌方右肘，伤其关节，致其身歪前仆。（图1-86）

⤊ 图1-85

⤊ 图1-86

3. 敌方左脚急忙前跨，以稳定身形，化解我方靠劲。我方右手继续旋拽，左手鸡心捶顺势从敌方身后点打，伤其后背脊中穴。（图1-87）

【穴位位置】

脊中穴：在脊柱区，第11胸椎棘突下凹陷处，后正中线上。

⬆ 图1-87

（三）打肾俞

【技击用法】

1. 敌方左脚上步，左拳冲击我方脸部。我方撤步吞身，避敌锋芒，左掌上画，拦格敌方左臂。（图1-88）

2. 随即，我方两手顺势捋抓敌方左臂，猛然向左后拽，左脚撤步助劲；右脚上步，向左转体，两手再加拧劲，致其旋身前仆。（图1-89）

3. 动作不停，我方跟踪追击，右手鸡心捶乘势点击，伤其腰部肾俞穴，致其瘫软倒地。（图1-90）

【穴位位置】

肾俞穴：在腰部，第2腰椎棘突下，后正中线旁开1.5寸。

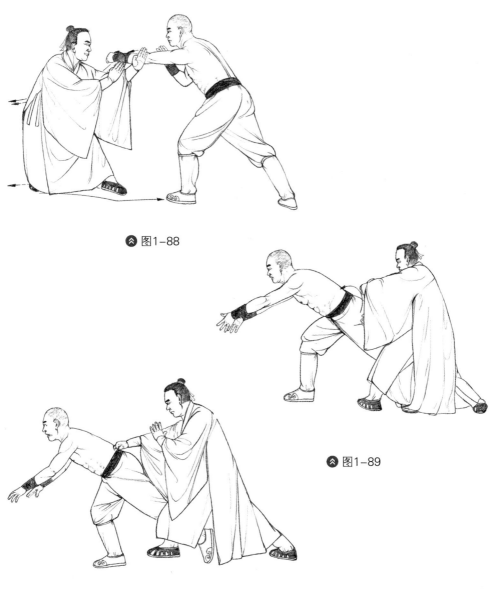

⊗ 图1-88

⊗ 图1-89

⊗ 图1-90

左右扬鞭

（一）打风池

【技击用法】

1. 敌方右脚上步，右拳冲击我方脸部。我方向后撤步，右手向前挑起，拦格敌方右臂，顶住敌方来势。（图1-91）

2. 随即，我方右手抓压敌方右臂，向右下方猛拽，致其向前倾仆，势乱失力。（图1-92）

△ 图1-91

△ 图1-92

3. 动作不停，我方乘机向右转身，左手鸡心捶短促突击，伤敌颈部风池穴，致其昏迷被擒。（图1-93）

【穴位位置】

风池穴：在颈后区，枕骨之下，胸锁乳突肌上端与斜方肌上端之间凹陷处。

△ 图1-93

（二）打肺俞

【技击用法】

1. 敌方突进，左腿踹击我方头部。我方向右闪步，避敌锋芒；同时，左掌立起，上拦敌方左小腿。（图1-94）

2. 随即，我方左脚先上步，右脚弧形绕步，进于敌方身后；同时，右掌推震其肩背，致其脚步踉跄。（图1-95）

3. 动作不停，我方跟踪追击，两脚滑步近身，弓步发力，左手鸡心捶猛点而去，伤敌后背左侧肺俞穴。（图1-96）

【穴位位置】

肺俞穴：在脊柱区，第3胸椎棘突下，后正中线旁开1.5寸。

⮝ 图1-94

⮝ 图1-95

⮝ 图1-96

（三）打志室

【技击用法】

1. 敌方左脚上步，左拳崩击我方脸部。我方向右偏身闪过，两手成勾手，左臂向前上扬，拦格敌方左臂，化解敌方来势。（图1-97）

2. 随即，我方左脚先上步，右脚绕步，进于敌方身后；同时，向左转身，抢起右勾手扫击敌方后脑，致其前仆。（图1-98）

⬆ 图1-97

⬆ 图1-98

3. 动作不停，我方右手乘机下沉，变鸡心捶，抖劲突击，伤敌腰部志室穴。（图1-99）

【穴位位置】

志室穴：在腰部，第2腰椎棘突下，后正中线旁开3寸。

⚡ 图1-99

双架笔

（一）打极泉

【技击用法】

1. 敌方左脚上步，左拳崩击我方脸部。我方滑步后撤，两掌交叉（十字手），向前拦架敌方左前臂，阻截敌方拳击。（图1-100）

2. 随即，我方右脚上步，踏入敌方裆下，右膝前弓；两掌顺势向上推挤，致其左臂上扬，仰身失力。（图1-101）

3. 动作不停，我方右手乘机换下，穿掌速出，向前上插，戳击敌方腋下极泉穴。（图1-102）

【穴位位置】

极泉穴：在腋部，腋窝顶点，腋动脉搏动处。

⊗ 图1-100

⊗ 图1-101

⊗ 图1-102

（二）打曲骨

【技击用法】

1. 敌方右脚上步，右拳冲击我方脸部。我方滑步后撤，避敌锋芒；两掌交叉，向前拦架敌方右前臂，阻截敌方拳击。（图1-103）

2. 随即，我方右脚速出，脚尖发力，弹踢敌方小腹曲骨穴。敌方急忙收腹，以避我腿。（图1-104）

❀ 图1-103

❀ 图1-104

3. 动作不停，我方右脚顺势前落，两腿屈膝沉跪，右手成鸡心捶潜身前击，再打敌方曲骨穴。（图1-105）

【穴位位置】

曲骨穴：在下腹部，耻骨联合上缘的中点处，前正中线上。

⚡ 图1-105

（三）打会阴

【技击用法】

1. 敌方近身，右腿蹬击我方头部。我方右脚后移，沉身避过。（图1-106）

2. 随即，我方转身立起，两掌交叉，向前拦架敌方右腿，迟滞敌方攻势。（图1-107）

3. 动作不停，我方两脚前滑，左手顺势缠抱敌方右腿；同时，右手速出穿掌，向前上插，戳击敌方裆部会阴穴。（图1-108）

【穴位位置】

会阴穴：男性阴囊根部与肛门连线的中点，女性大阴唇后联合与肛门连线的中点。

☆ 图1-106

☆ 图1-107

☆ 图1-108

第二章
武当天罡
打穴手
（36手）

编者自幼喜欢舞枪弄棒，经常收集一些武学秘籍，自行研习揣摩，上大学时偶得一抄本——《内家拳十段连锦》，其中有很多武当内家拳的实战攻击与破解秘招，非常罕见。

十段连锦是一套对练拳法，不但要两人合练，而且要势势相连，从第一势开始练到结束，中间不能停顿，动作复杂。所以，为了便于学练，编者把其招法拆成散手，专选其打穴三十六势，命名为"武当天罡打穴手"，即成本章。

以下内容是编者根据原谱摘录而成，"武当天罡打穴手"即脱胎于此。具体内容为：1. 迎风铁扇、黑虎掏心；2. 袖底藏金、翻天印；3. 钩镰折枝、横扫千军；4. 樵夫负薪、乌龙摆尾；5. 招财进宝、泰山压顶；6. 倒扳竹笋、拦腰叉喉；7. 牵马过河、袖底藏金；8. 顺水推舟、翅腿踢阴；9. 童子脱靴、飞身蹴脚；10. 翅腿踢阴、青龙归洞；11. 阴手栽捶、抱笏上朝；12. 韬随连进、上步踢裆；13. 流星赶月、当头霹雳；14. 宝鸭摆莲、横扫千军；15. 顺水推舟、黄莺上架；16. 山蛇探洞、直进中原；17. 斜行进靠、仙人朝天；18. 叶底藏花、迎风摆肘；19. 倒肘转身、迎风摆肘；20. 牵牛过河、翻天印；21. 顺水推舟、铁肩闯关；22. 瑞鹤踩雪、翻天印；23. 铁翼生风、猛虎推山；24. 铁腿飞镖、顺牵带引；25. 摆莲旋腿、搜裆脚；26. 铁头闯关、迎面挂捶；27. 倒拽牛尾、飞腿踢裆；28. 肘底捶、旋风肘；29. 跨鞍踏镫、旋风腿；30. 转身擒羊、扳倒玉柱；31. 顺手撑篙、倒扳柱脚；32. 倒拔枯柳、挽倒玉柱；33. 翻身斩蛇、黑熊上树；34. 单刀直入、翻天印；35. 通臂猿手、金鸡独立；36. 渔翁摇橹、乌龙摆尾。

迎风铁扇打印堂

【技击用法】

1. 敌方右脚上步，右拳勾击我方心口鸠尾穴。我方撤步吞身，右手下拍敌方右拳，阻截敌方拳击。（图2-1）

2. 随即，我方左掌乘机下劈，伤敌右上臂，致其疼痛难忍。（图2-2）

图2-1

图2-2

3. 动作不停，我方左掌贴住敌方右臂下压；同时，右手鸡心捶向前崩出，击打敌方眉心印堂穴。（图2-3）

【穴位位置】

印堂穴：在额部，两眉头中间凹陷处。

⊗ 图2-3

袖底藏金打极泉

【技击用法】

1. 敌方右脚上步，左拳前翻，砸击我方脸部。我方左掌上挑，拦格敌方左臂，阻截敌方拳击。（图2-4）

2. 动作不停，我方左掌贴着敌方左臂缠手，左腋夹住敌方左腕，左肘兜住敌方左肘；同时，左脚前移；右掌向前穿出，掌尖发力，戳击敌方左腋极泉穴。（图2-5）

【穴位位置】

极泉穴：在腋部，腋窝顶点，腋动脉搏动处。

❰ 图2-4

❰ 图2-5

钩镰折枝打大包

【技击用法】

1. 敌方右脚上步，右拳崩击我方脸部。我方左手成拳，左臂屈肘，竖臂拦挡，阻截敌方右腕。（图2-6）

2. 随即，我方左手旋抓敌方右腕；同时，右脚上步；右肘上兜敌方右肘，两手合力擒折敌方关节。敌方右脚退步，起身化解。（图2-7）

⤊ 图2-6

⤊ 图2-7

3. 动作不停，我方右脚上步；同时，右肘顺势前顶，肘尖发力，撞击敌方右腋大包穴。（图2-8）

【穴位位置】

大包穴：在侧胸部，第6肋间隙，腋中线上。

❀ 图2-8

樵夫负薪打鸠尾

【技击用法】

1. 我方抢攻，左手抓拧敌方右腕，右臂屈肘提挎敌方右肘，欲行擒拿。（图2-9）

2. 敌方向左翻身，缓解我方折臂，左脚向后一步，左手向我方头部反击。我方左手迅疾松开，拦抓敌方左腕，右手配合一起擒拿；同时，向左转身，右肩上扛敌方左上臂，欲行摔跌。（图2-10）

3. 敌方负隅顽抗，右手抓拉我方右肩，左膝提起前顶我方腰后，致我方难以发力。（图2-11）

⊗图2-9

⊗图2-10

⊗图2-11

5. 我方迅速反击，向右旋身（可化解敌膝顶劲），两脚摆扣，马步蹲桩；同时，两手松开，右肘捣击而出，伤敌腹部鸠尾穴。（图2-12）

【穴位位置】

鸠尾穴：在上腹部，胸剑结合部下1寸，前正中线上。

⚡ 图2-12

招财进宝打华盖

【技击用法】

1. 敌方右脚上步，右拳向我方下颌猛劲勾来。我方迅疾撤步旋身，使其空击，右臂屈肘上提，拦护上门，有备无患。（图2-13）

2. 随即，我方左脚上步，左腿后绊敌方右腿；同时，左肘顺势向前下砸，伤敌前胸华盖穴。（图2-14）

3. 动作不停，我方两腿屈膝，潜身再打，左肘下捣，伤敌小腹横骨穴。（图2-15）

五

【穴位位置】

华盖穴：在胸部，横平第1肋间隙，前正中线上。

⊗ 图2-13

⊗ 图2-14

⊗ 图2-15

倒扳竹笋打人中

六

【技击用法】

1. 敌方右脚上步，右臂下压我方左臂，左手卡推我方咽喉。（图2-16）

2. 我方右手迅疾上托敌方左腕；同时，左手按压敌方左肘，两手合力折敌左臂，化解敌手锁喉之险。（图2-17）

☆ 图2-16

☆ 图2-17

3. 动作不停，我方左手扒压敌方左臂；同时，右手松开敌腕，变鸡心捶向前捅击，伤敌人中穴。（图2-18）

【穴位位置】

人中穴：在面部，上唇正中的纵形凹沟。

⊼ 图2-18

牵马过河打天鼎

【技击用法】

1. 敌方右脚上步，右拳栽击我方腹部，我方左臂向下拦压；敌方又出左拳，向我上门砸来，我方右掌向前拦推敌方左臂。（图2-19）

2. 随即，我方反击，两脚后滑，右手擒抓敌方右拳，向右下方牵拉，左手托抓敌方右肘，伤折其关节，致其向前倾身。（图2-20）

3. 动作不停，我方左手顺着敌方右臂向下拉拽，使其右臂下落而上门洞开；右手松开变穿掌向前戳击，伤敌右颈天鼎穴。（图2-21）

【穴位位置】

天鼎穴：在颈外侧部，横平环状软骨，胸锁乳突肌后缘，结喉旁，扶突穴与缺盆连线中点。

☆ 图2-19

☆ 图2-20

☆ 图2-21

顺水推舟打腹结

【技击用法】

1. 敌方拳脚齐来，左拳冲击我方脸部，左脚撩踢我方裆部。我方迅疾撤步，避过敌方脚踢，左手上拦敌方左臂。（图2-22）

2. 我方快速反击，左手外拨敌方左臂，右手穿掌顺势前插，伤敌左侧腹结穴。（图2-23）

【穴位位置】

腹结穴：在下腹部，脐中下1.3寸，前正中线旁开4寸。

⊗ 图2-22

⊗ 图2-23

道童脱靴打会阴

【技击用法】

1. 敌方右脚弹踢我方胸部。我方退步，避过敌腿锋芒；同时，左手向前抓接敌方右脚跟。（图2-24）

2. 随即，我方左脚上步；同时，左手将敌方右脚猛劲上托前送，致敌远跌躺倒。（图2-25）

⊗ 图2-24

⊗ 图2-25

3. 动作不停，我方左脚上步跟进，右腿前弹而出，踢击敌方裆部会阴穴。（图2-26）

【穴位位置】

会阴穴：男性阴囊根部与肛门连线的中点，女性大阴唇后联合与肛门连线的中点。

⊗ 图2-26

翘腿踢阴打曲骨

【技击用法】

1. 敌方右脚上步，左拳冲击我方咽喉。我方撤步后闪。（图2-27）

2. 随即，我方右手前伸抓敌方左臂；同时，左脚撤步，助劲拉拽。敌方左臂屈肘，用力抗拒，欲行挣脱。（图2-28）

3. 接着，敌方右掌前伸，拨开我方右腕；同时，左拳变掌，前插我方咽喉；左脚弹踢我方裆部。我方右步速退，闪过上下来击。（图2-29）

⊗ 图2-27

⊗ 图2-28

⊗ 图2-29

4. 动作不停，我方右脚垫步，左脚弹出，脚尖发力，踢击敌方小腹曲骨穴。（图2-30）

【穴位位置】

曲骨穴：在下腹部，耻骨联合上缘的中点处，前正中线上。

图2-30

十一

阴手栽捶打中极

【技击用法】

1. 我方右脚上步，右掌上穿敌方眼睛。敌方仰身躲避，两掌成十字手，向前托架我方右腕，使我方受阻。（图2-31）

2. 随即，我方两脚前滑；同时，右掌勾腕转掌，变鸡心捶向下栽击，欲伤敌方小腹中极穴。敌方收腹藏裆，躲过我拳；同时，两手抓控我方右臂，欲行擒制。（图2-32）

3. 动作不停，我方两脚前滑，右肩前靠敌方右胸，迫其松手；右手鸡心捶继续向下栽击，伤敌小腹中极穴。（图2-33）

【穴位位置】

中极穴：在下腹部，脐中下4寸，前正中线上。

⊗ 图2-31

⊗ 图2-32

⊗ 图2-33

韬随连进打膻中

【技击用法】

1. 敌方上步，右手虚晃；右脚弹踢我方裆部。我方撤步吞身，避开敌方右腿；左掌前拦，封闭上门。（图2-34）

2. 随即，我方屈膝蹲身，丁步侧势；同时，左手向下勾挂，封控敌方右小腿。（图2-35）

⚑ 图2-34

⚑ 图2-35

3. 动作不停，我方右脚向前跨步；同时，左手顺势搂提敌方右腿，致其仰身失力；右手鸡心捶乘机打出，冲击敌方胸前膻中穴。（图2-36）

【穴位位置】

膻中穴：在胸部，横平第4肋间隙，两乳头连线的中点，前正中线上。

⚑ 图2-36

流星赶月打耳门

【技击用法】

1. 我方抢攻，右手鸡心捶冲击敌方膻中穴。敌方含胸收腹，左手拦挡我方右腕；同时，右掌劈出，击打我方头脸。（图2-37）

2. 我方右手迅疾收回，向上拦架敌方右臂，化解敌方掌击。（图2-38）

3. 动作不停，我方右掌旋抓敌方右腕，向右拉拽；同时，左脚上步，右腿后绊敌方右腿；左手鸡心捶对准敌方右侧耳门穴，砸击而去，伤其难逃。（图2-39）

十三

【穴位位置】

耳门穴：在耳区，耳屏上切迹与下颌骨髁突之间凹陷处。

⊗ 图2-37

⊗ 图2-38

⊗ 图2-39

宝鸭摆莲打乳根

【技击用法】

1. 敌方突然进身，右肘来顶我方胸部。我方向左侧身闪过，右掌前推敌方右肘，向右卸化。（图2-40）

2. 敌方左掌又来，横扫我方右侧耳门。我方右掌上起，拦截敌方左臂，使其难以发力。（图2-41）

十四

⊗ 图2-40

⊗ 图2-41

3. 随即，我方右掌继续上架；同时，右脚向前勾挂，盘压敌方左膝，致其后倒；左手鸡心捶短促突击，击打敌方左侧乳根穴，致其难逃。（图2-42）

【穴位位置】

乳根穴：在胸部，第5肋间隙，前正中线旁开4寸，乳头直向下推一个肋间隙。

◈ 图2-42

顺水推舟打气冲

【技击用法】

1. 敌方肘膝齐打而来，右肘捣击我方脸部，左膝撞击我方裆部。我方撤步仰身，后避敌方左膝，左掌上拦敌方右肘，滞其来势，封其连击。（图2-43）

2. 动作不停，我方左掌贴住敌方右臂向前旋推，使其身歪势乱；同时，右手穿掌向前下插，伤敌左侧气冲穴。（图2-44）

【穴位位置】

气冲穴：在腹股沟区，脐中下5寸，前正中线旁开2寸。

❯❯ 图2-43

❯❯ 图2-44

十六

山蛇探洞打天突

【技击用法】

1. 敌方右脚上步，右手穿掌放长击远，插向我方心窝。我方向后撤步，含胸吞身，不招不架，使敌掌落空。（图2–45）

2. 随即，我方左手向下划弧，挂开敌方右臂；同时，右脚稍进，弓步探身；右手穿掌向前直插，伤敌颈部天突穴。（图2–46）

【穴位位置】

天突穴：在颈前区，胸骨上窝中央，前正中线上。

图2–45

图2–46

斜行进靠打神封

十七

【技击用法】

1. 我方抢攻，右掌穿击敌方天突穴。敌方左手上起，架开我方右掌之际，右脚向我方裆部撩踢而来。我方收步吞身，避过来腿。（图2-47）

2. 随即，我方右脚前上，弓步探身；同时，右臂屈肘，向前顶击，伤敌左胸神封穴。（图2-48）

【穴位位置】

神封穴：在胸部，第4肋间隙，前正中线旁开2寸。

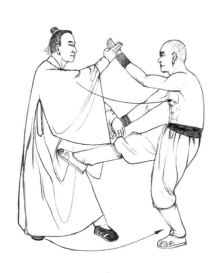

❖ 图2-47

❖ 图2-48

叶底藏花打辄筋

【技击用法】

1. 敌方右脚上步，左手推压我方右前臂，右肘上摆横击我方左腮。我方向后避身，左手上拦，封敌右肘。（图2-49）

2. 随即，我方右掌上提，拦拨敌方右肘；同时，左手鸡心捶短促突击，伤敌右腋辄筋穴。（图2-50）

【穴位位置】

辄筋穴：在侧胸部，第4肋间隙中，腋中线前1寸。

◈ 图2-49

◈ 图2-50

倒肘转身打章门

十九

【技击用法】

1. 我方抢攻，右手大力劈掌，向敌方头脸猛击而去。敌方右脚盖步，右手上挑反画，拦开我方右臂。（图2-51）

2. 敌方两脚绕步，转于我方身后；同时，左肘盘击我方脑后。（图2-52）

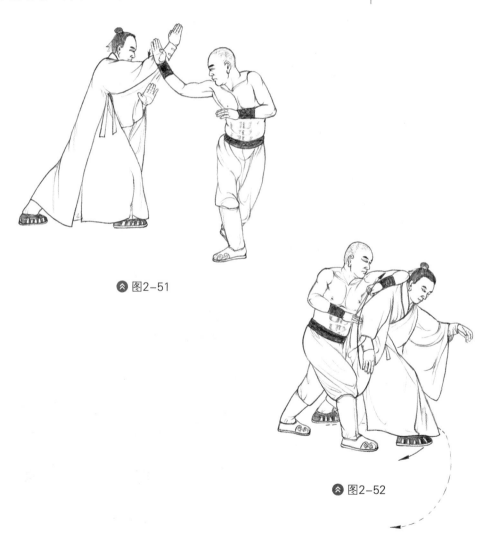

❯ 图2-51

❯ 图2-52

3. 我方速将左脚向右外转，闪过来击；右脚外摆，上体右转；同时，右臂向右上画，拦开敌方右臂。（图2-53）

4. 动作不停，我方左脚进至敌方右侧，右手旋抓敌方右臂或右腕向右牵拽；同时，左手鸡心捶急打而去，伤敌右肋章门穴。（图2-54）

【穴位位置】

章门穴：在侧腹部，第11肋游离端下际。

◈ 图2-53

◈ 图2-54

牵牛过河打肺俞

二十

【技击用法】

1. 敌方左脚上步，左拳翻砸我方脸门。我方撤步闪过，左臂向外拦格敌方左臂，化解敌方拳击。（图2-55）

2. 随即，我方左臂向下按压敌方左臂；同时，右脚上步；右手鸡心捶快速发力，击打敌方左侧肺俞穴。（图2-56）

【穴位位置】

肺俞穴：在脊柱区，第3胸椎棘突下，后正中线旁开1.5寸。

⚠ 图2-55

⚠ 图2-56

顺水推舟打肩井

【技击用法】

1. 敌方左脚突然上步，踏入我方裆前；左肩顺势前靠，撞击我方胸部。（图2-57）

2. 我方右脚速撤一步，仰身避过敌方肩靠；同时，左手顺势紧抓敌方左腕下搋，右手鸡心捶向下盖击，伤其左侧肩井穴。（图2-58）

【穴位位置】

肩井穴：在肩胛区，第7颈椎棘突与肩峰最外侧点连线的中点。

❯ 图2-57

❯ 图2-58

瑞鹤踩雪打三阴交

【技击用法】

1. 敌方左脚上步，右掌大力劈来，击向我方脸部。我方撤步闪过，左臂上抬，架起敌方右腕，顶住敌掌劲力。（图2-59）

2. 随即，我方左手抓擒敌方右腕；同时，左脚外摆，右脚弹踢，脚尖发力，放长击远，伤敌右侧三阴交穴。（图2-60）

❯ 图2-59

❯ 图2-60

3. 动作不停，我方两手合力擒拉敌方右臂；右脚不收，原位再起，向上撩踢，挑击敌方裆部会阴穴，伤其难逃。（图2-61）

【穴位位置】

三阴交穴：在小腿内侧，内踝尖上3寸，胫骨内侧缘后方。

⊗ 图2-61

铁翼生风打缺盆

【技击用法】

1. 敌方右脚上步，两掌齐推，击向我方胸部，来势凶猛。我方迅疾撤步，上体后仰，避过敌掌。（图2-62）

2. 随即，我方右手前画，抓住敌方右掌或右腕向右旋拉；右脚尖外展，左脚上步，左腿拦绊敌方右腿；同时，向右转身，左掌裹格敌方右臂，震劲前抖，伤其关节筋韧，致其疼痛失力。（图2-63）

3. 动作不停，我方右手紧拽敌方右腕不放；同时，左掌短促突击，向前下插敌方右锁骨缺盆穴。（图2-64）

【穴位位置】

缺盆穴：锁骨上窝中央，前正中线旁开4寸。

❯ 图2-62

❯ 图2-63

❯ 图2-64

铁腿飞镖打期门

【技击用法】

1. 我方左步前移，右掌推击敌方面门。敌方撤步避过；同时，右掌前画，反手抓住我方右腕。（图2-65）

2. 敌方右手牵住我方右腕，右脚先上步，两脚连续绕步，进至我方身后，欲将我方牵倒。我方顺势向右旋身，卸化其劲，保持平衡。（图2-66）

◈ 图2-65

◈ 图2-66

3. 我方快速反击，右手反抓敌方右腕；左脚垫步，右脚前送，弹踢敌方右肋期门穴。（图2-67）

【穴位位置】

期门穴：在胸部，第6肋间隙，前正中线旁开4寸。

△ 图2-67

摆莲旋腿打环跳

二十五

【技击用法】

1. 我方抢攻，右手擒抓敌方右手之际，右脚弹踢敌方裆部。敌方左腿急忙屈膝上提，格挡我方右腿，化解我方踢击。（图2-68）

2. 敌方左腿突然伸膝弹出，袭击我方裆部。我方右手赶紧松开敌方右手，右腿下收，吞身闪过。（图2-69）

3. 我方迅速反击，向右转体，右腿向后摆踢，脚跟发力，扫击敌方右臀环跳穴。（图2-70）

【穴位位置】

环跳穴：股骨大转子最高点与骶管裂孔连线上，外三分之一与内三分之二交点处。

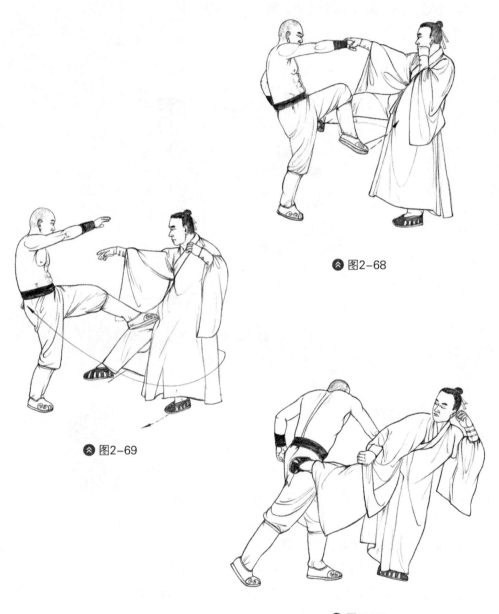

⤊ 图2-68

⤊ 图2-69

⤊ 图2-70

铁头闯关打华盖

【技击用法】

1. 敌方右脚上步，两拳一起向我下颌勾挂而来。我方后闪，避敌两拳锋芒，两掌向上托夹敌方两肘，滞其来劲。（图2-71）

2. 动作不停，我方两掌贴住敌方两肘向前推起；同时，左脚前跨，进至敌方裆下，左膝前弓；俯身弯腰，用头向前磕击，伤敌胸前华盖穴。（图2-72）

【穴位位置】

华盖穴：在胸部，横平第1肋间隙，前正中线上。

◈ 图2-71

◈ 图2-72

二十七

倒拽牛尾打水道

【技击用法】

1. 我方左脚上步，两手前仆，锁扣敌方咽喉。敌方后闪，趁我方不备，两手抓住我方两臂，左腿提膝撞向我方腹部。我方急忙弯腰闪过。（图2-73）

2. 我方快速反击，左手乘机下落，反捞敌方左膝向左搂拨；同时，右手鸡心捶沉劲下击，伤敌小腹水道穴。（图2-74）

【穴位位置】

水道穴：在下腹部，脐中下3寸，前正中线旁开2寸。

❰ 图2-73

❰ 图2-74

肘底看捶打至阳

【技击用法】

1. 敌方右脚上步，右转翻身，右肘后摆，拐击我方头部。我方右臂屈肘竖立，向前拦截敌方右上臂，化解敌方肘劲。（图2-75）

2. 动作不停，我方左脚上步；右肘顺势前抖，震落敌方右臂，致其背向于我方；左手鸡心捶乘机猛劲前击，伤敌背脊至阳穴。（图2-76）

【穴位位置】

至阳穴：在背部，第7胸椎棘突下凹陷处，后正中线上。

二十八

⚡ 图2-75

⚡ 图2-76

跨鞍踏镫打居髎

【技击用法】

1. 敌方上步之际，猛然向左转身，左腿外摆，挂踢我方头部。我方迅疾撤步，沉身闪过；同时，左掌上拦敌方左小腿，封其来势。（图2-77）

2. 动作不停，我方向左转体，右腿提起，脚跟发力，蹬击敌方左侧居髎穴。（图2-78）

【穴位位置】

居髎穴：在臀区，髂前上棘与股骨大转子最高点连线的中点处。

图2-77

图2-78

转身擒羊打哑门

【技击用法】

1. 我方右脚虚步上前，右拳轻劲前冲，向敌方脸部佯攻，试探敌方反应。敌方退身避过，右掌格击我方右肘。（图2-79）

2. 我方见敌来挡，左掌立即向前抓压敌方右臂，迫其下落失势；同时，右脚前移落实，上身前探；右手从敌方头部右侧前伸，反扒敌方脖颈，向右用力后带。（图2-80）

三十

△ 图2-79

△ 图2-80

3. 动作不停，我方左手从敌方腰后绕过，搂抱其腹部向后上提勒紧；左腿向右绕跨一步，绊别敌方左腿；迫敌弯腰倾身之际，右手速变鸡心捶，寸劲抖击，伤其颈部哑门穴。（图2-81）

【穴位位置】

哑门穴：在颈后区，第2颈椎棘突上际凹陷处，后正中线上。

❖ 图2-81

顺手撑篙打长强

【技击用法】

1. 我方从敌方身后擒拿之时，敌方突然俯身，两手下伸，从其裆下捞住我方右脚踝。（图2-82）

2. 敌方臀坐手搬，合力将我方摔倒在地。如其继续加力，则可坐折我方右膝关节。（图2-83）

3. 我方不敢怠慢，在刚倒地之际，疾出左腿，脚跟发力，前蹬敌方臀尾长强穴，既破解敌方分筋错骨，又可伤敌要穴，致其前仆而去。（图2-84）

【穴位位置】

长强穴：在会阴区，尾骨下方，尾骨端与肛门连线的中点处。

❖ 图2-82

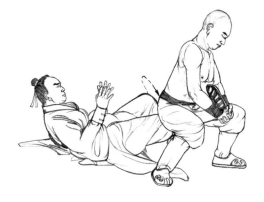

❖ 图2-83

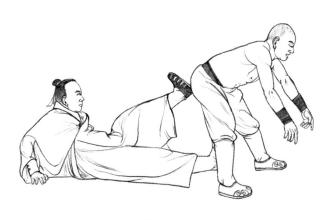

❖ 图2-84

倒拔枯柳打翳风

【技击用法】

1. 我方左脚上步，右拳冲击敌方脸部。敌方向后退步避过，左掌上画，格挡我方右腕。（图2-85）

2. 敌方左手旋抓我方右腕，右手前穿屈臂抓缠我方右肘；同时，右脚上步，左脚摆进，向左转身，右肩上抵我方右臂，欲使扛摔。（图2-86）

❖ 图2-85

❖ 图2-86

3. 我方两脚用力下沉，稳住身形；左手环臂向前抓扣敌方右耳，向左猛劲勾击敌方右耳翳风穴，致敌剧痛难忍，失力松手。（图2-87）

【穴位位置】

翳风穴：在颈部，耳垂后方，乳突与下颌角之间的凹陷处。

⊗ 图2-87

翻身斩蛇打肾俞

【技击用法】

1. 我方抢攻，右脚向前勾踢敌方左腿。敌方左脚斜跨一步，避过我方右脚。（图2-88）

2. 接着，敌方两脚从我方右侧连环绕步，进至我方身后；起右腿蹬踢我方尾闾。（图2-89）

3. 我方右转倾身，使之落空，右手反抓敌方右腿，滞其攻势；同时，右脚摆步前进，跪步发力，左手打出鸡心捶，伤敌腰部肾俞穴。（图2-90）

【穴位位置】

肾俞穴：在腰部，第2腰椎棘突下，后正中线旁开1.5寸。

❖ 图2-88

❖ 图2-89

❖ 图2-90

单刀直入打日月

三十四

【技击用法】

1. 敌方左脚上步，左拳向前翻出，砸击我方脸部。我方向后仰身，避过敌拳。（图2-91）

2. 随即，我方左手上画，左肘外顶敌方左臂；同时，左脚前移，俯身挺颈，用头撞击敌方左肋。（图2-92）

⚾ 图2-91

⚾ 图2-92

3. 动作不停,我方上身立起,左手向下转成鸡心捶,旋劲抖击,伤敌左肋日月穴。(图2-93)

【穴位位置】

日月穴:在上腹部,乳头直下方,第7肋间隙,前正中线旁开4寸。

⚠ 图2-93

通臂猿手打关元

【技击用法】

1. 敌方突然进扑,两手搂抱我方头颈,右膝向我方腹部撞击而来。(图2-94)

2. 我方赶紧收腹闪过,左手外拨敌方右膝,破其攻势;同时,右手鸡心捶及时反击,伤敌小腹关元穴。(图2-95)

【穴位位置】

关元穴:在下腹部,脐中下3寸,前正中线上。

◆ 图2-94

◆ 图2-95

三十六

渔翁摇橹打腰阳关

【技击用法】

1. 敌方运用乌龙摆尾势,右腿反身蹬踢我方腹部。我方后撤左脚,向左旋身,避敌锋芒之际,右手抄搂敌右方小腿。(图2-96、图2-97)

❈ 图2-96

❈ 图2-97

2. 随即，我方左脚上步，向右转身；同时，左肘向前猛劲砸压敌方右膝，右手助力，致其右腿扭曲翻转，身歪前仆。（图2-98）

3. 动作不停，我方左手鸡心捶乘机前击，伤敌腰阳关穴。（图2-99）

【穴位位置】

腰阳关穴：在脊柱区，第4腰椎棘突下凹陷处，后正中线上。

❯ 图2-98

❯ 图2-99

第三章
字门地煞打穴手
（72手）

　　字门，乃武当内家拳奇门秘技，"以字行拳"，融练法、劲法、招法于一体，技法独特，尤擅点穴。实战时忌用蛮力，讲究乘势顺势，借力打力，以柔克刚，以曲破直。

　　胡遗生《字门正宗·卷下·阐微论》载："今夫宗派之繁杂，乃如百川之分流，以师承之各异，而手法遂不同矣。然则字门之出手，果何如乎？曰：贵软而忌硬，贵疾而忌迟，贵灵巧而忌呆笨，贵圆转而忌散漫。其发也，如离弦之矢；其转也，如迅转之轮；其动也，如香象渡河；其静也，如羚羊挂角。自始至终，如韩潮苏海之超超玄著，不着形迹。"

字门以八字为根，即"残、推、援、夺、牵、捺、逼、吸"，化生出很多技法。本章专述其打穴手，即"八字打穴"。八字打穴，每一字有九手，八字共有七十二手，切合道家地煞之数，常被称为"地煞打穴手"。读者练熟，临敌自卫，即可击打敌方要穴，招招逼人，杀伤力强，令敌胆寒。

《字门正宗·卷上·八字谱》载："残，探也。推，摽也。援，救也。夺，抢也。牵，带也。捺，按也。逼，闭也。吸，缩也。"《字门正宗·卷上·出手珍诀》载："软出手即软，随意而去之，乃要直劲曲取。吐为吐出，遇至而吐也，常散岂能吐哉。救为急救，随向而取，上部勇猛，方可变援，切须封他起手之变，心宜归一，在小掌一点之功。牵在顺势，子午定向，勤演熟练，哪怕霸王之力，自有韩信之谋。捺要贴之，交手切勿离身，谨防失放，方无差误。逼者起手即闭，使彼不能进前。字字俱熟，方能为逼。吸近于吞，一吞便吐，此乃借势分拆，自身自手，松力为主。八字之理，务宜审明，得之功多艺巧。八字循环，一字不通，便有掣肘之处矣。"

关于字门渊源，据传由余克让在清康雍年间传入江西。余克让，祖籍浙江鄞县（今浙江宁波鄞州区），师从四明山僧耳学习武当松溪派内家拳（张松溪—近泉—孙继槎—僧耳—余克让），尽得真传，练就一身绝技。后携弟子一起云游至江西高安，与当地"硬门"拳师吴鹤鸣交手，吴战败拜余为师。吴求问师承，余仅说是"以字行拳"。后余、吴等在江西所传内家拳即被称作"字门"，因此扎根，乃至开花结果。

摇风手打廉泉

【技击用法】

1. 敌方右脚上步，右拳崩击我方脸部。我方向左闪步，两掌划弧一齐黏捋，右掌黏贴敌方右腕，左掌黏贴敌方右肘，顺势化劲。（图3-1）

2. 动作不停，我方左掌贴住敌方右肘继续向下化压，左脚上于敌方裆下；同时，右掌向前上穿，指尖发力，戳击敌方颈部廉泉穴。（图3-2）

【穴位位置】

廉泉穴：在颈前区，喉结上方，舌骨上缘凹陷处，前正中线上。

⚒ 图3-1

⚒ 图3-2

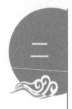

拧挂手打身柱

【技击用法】

1. 敌方前移，右腿蹬击我方腹部。我方左闪跨步，右臂向外拦拨敌方右小腿，滞其来势。（图3-3）

2. 随即，我方右脚垫步，左脚前进；左掌推击敌方右肩。敌方右腿后收，向右转身，避过我掌推击。（图3-4）

❖ 图3-3

❖ 图3-4

3. 动作不停，我方右脚抢步紧跟；同时，右手鸡心捶放长击远，伤敌脊背身柱穴。（图3-5）

【穴位位置】

身柱穴：在脊柱区，第3胸椎棘突下凹陷处，后正中线上。

☆ 图3-5

白蛇吐信打印堂

【技击用法】

1. 敌方左脚上步，右拳冲击我方脸部。我方撤步，沉身坐马；同时，右拳上提，屈肘竖臂，格挡敌方右肘。（图3-6）

2. 随即，我方左脚垫步，右脚前跨；同时，右前臂贴压敌方右臂前滑，右手鸡心捶顺势旋劲前击，伤敌眉间印堂穴。（图3-7）

【穴位位置】

印堂穴：在额部，两眉头中间凹陷处。

图3-6

图3-7

兹扣横杀打人迎

【技击用法】

1. 敌方右脚上步，左拳栽打我方腹部。我方向后撤步，左掌向下拦劈敌方左肘，致其剧痛失力。（图3-8）

2. 随即，我方左掌下画，擒抓敌方左腕向左牵带；同时，右掌向左拦切敌方左肘，伤其关节。（图3-9）

❯ 图3-8

❯ 图3-9

3. 动作不停，我方右手不收，顺势前穿，短促插击，伤敌左颈人迎穴。（图3-10）

【穴位位置】

人迎穴：在颈部，横平喉结，胸锁乳突肌前缘，颈总动脉搏动处。

⊗ 图3-10

五

左右拧手打人中

【技击用法】

1. 敌方右脚上步，右拳崩击我方脸部。我方仰身；同时，左掌上画，拦格敌方右臂。（图3-11）

2. 随即，我方左手旋抓敌方右腕，向左旋拧；同时，右脚上步；右手鸡心捶放长击远，伤敌面部人中穴。（图3-12）

【穴位位置】

人中穴：在面部，上唇正中的纵形凹沟。

☆ 图3-11

☆ 图3-12

白蛇出洞打天突

【技击用法】

1. 敌方右脚上步，右拳冲击我方脸部。我方滑步撤身，左手内旋上提，勾格敌方右臂向外引化。（图3-13）

2. 我方右脚垫步，左脚插进敌方裆下；同时，左掌下转反插敌方裆部。敌方吞身收腹，两掌下按，阻截我方左掌。（图3-14）

◇ 图3-13

◇ 图3-14

3. 动作不停，我方两脚摆扣，左腿弓步；同时，右掌后收，左掌转腕上穿，发劲截击，伤敌颈部天突穴。（图3-15）

【穴位位置】

天突穴：在颈前区，胸骨上窝中央，前正中线上。

⊗ 图3-15

半边月打命门

【技击用法】

1. 敌方进身，左脚弹踢我方腹部。我方左脚内收，丁步侧身，左手反画勾拦敌方左腿。（图3-16）

2. 随即，我方起身，左脚蹬踢敌方左胯，致敌身旋步乱，背对我方，前仆欲倒。（图3-17）

3. 动作不停，我方左脚下落，左膝前弓；同时，右手鸡心捶向前下打，击敌腰部命门穴。（图3-18）

【穴位位置】

命门穴：在脊柱区，第2腰椎棘突下凹陷处，后正中线上。

七

⊗ 图3-16

⊗ 图3-17

⊗ 图3-18

牵牛进栏打膺窗

【技击用法】

1. 敌方右脚上步，右拳冲击我方脸部。我方向后仰身，避过敌拳，左手上起，抖劲弹开敌方右臂。（图3–19）

2. 随即，我方左脚前滑，沉身蹲桩；两掌向前下插，合击敌方裆部。敌方右脚稍退，收腹藏裆，躲过我方进攻。（图3–20）

⊗ 图3–19

⊗ 图3–20

3. 动作不停，我方左脚稍进，向上起身；两掌同时握成鸡心捶，旋腕上翻，合击敌方胸前膺窗穴。（图3-21）

【穴位位置】

膺窗穴：在胸部，第3肋间隙，前正中线旁开4寸。

❮ 图3-21

九

扁担手打翳风

【技击用法】

1. 敌方前移，弹出右脚，踢击我方腹部。我方滑步后撤，沉身下坐；同时，两掌交叉向前下方拦截，阻挡敌方来劲。（图3-22）

2. 随即，我方左脚向左前方上步，左手搂开敌方右腿；同时，右手鸡心捶乘虚而入，向前圈击敌方左耳翳风穴。（图3-23）

3. 动作不停，我方左手鸡心捶向前反圈，再度点打敌方左耳翳风穴。（图3-24）

【穴位位置】

翳风穴：在颈部，耳垂后方，乳突与下颌角之间的凹陷处。

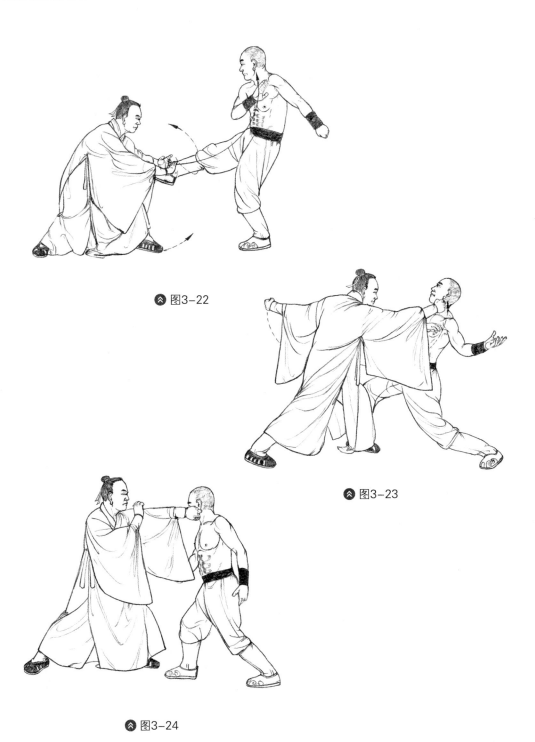

⊗ 图3-22

⊗ 图3-23

⊗ 图3-24

摇连手打璇玑

【技击用法】

1. 敌方左脚上步，右拳冲击我方脸部。我方左脚撤步，避敌锋芒，上起左手，拦格敌方右臂。（图3-25）

2. 敌方两脚前滑，左拳冲击我方脸部。我方上身后仰，左掌旋格敌方左臂，化解敌拳攻击。（图3-26）

❖ 图3-25

❖ 图3-26

3. 随即，我方左脚前跨至敌方裆下，沉身坐马；同时，两手变拳抖击敌方裆部。敌方两脚后滑，收腹藏裆，避过我方拳击。（图3-27）

4. 动作不停，我方猛然起身，两手一分，抖劲发力；左手鸡心捶前击，伤敌胸部璇玑穴。（图3-28）

【穴位位置】

璇玑穴：在胸部，胸骨上窝下1寸，前正中线上。

▲ 图3-27

▲ 图3-28

十一

兹抖手打乳根

【技击用法】

1. 敌方右脚上步，右手冲击我方脸部。我方撤步闪过，左手向上反画，拦格敌方右臂。（图3-29）

2. 敌方左脚紧随踢出，撩击我方裆部。我方两脚后滑，躬身下坐；同时，两掌交叉下劈，合击敌方左脚。（图3-30）

❂ 图3-29

❂ 图3-30

3. 动作不停，我方左脚前冲，左膝前弓；两掌向前上穿，合击敌方胸部乳根穴。（图3-31）

【穴位位置】

乳根穴：在胸部，乳头直下方，乳房根部，第5肋间隙，前正中线旁开4寸。

⚠ 图3-31

摩圈手打府舍

【技击用法】

1. 我方两脚前滑，潜身抢攻，两掌突击敌方裆部。敌方撤身避过，右腿屈膝提起，封闭下门。（图3-32）

2. 我方见此起身，转攻敌方上门，两脚垫步前冲，两掌上托敌方下颌，欲致其后躺。敌方右腿退落，仰头避过。（图3-33）

3. 我方紧追不放，两脚垫步再进；同时，两手穿掌，向前下插，合击敌方小腹府舍穴。（图3-34）

【穴位位置】

府舍穴：在下腹部，脐中下4寸，冲门上方0.7寸，前正中线旁开4寸。

❯❯ 图3-32

❯❯ 图3-33

❯❯ 图3-34

中圈直射打华盖

十三

【技击用法】

1. 敌方右脚上步，向下倾身，右拳栽击我方腹部。我方向后滑步，避过敌拳，右掌向下拦压敌方右腕。（图3-35）

2. 我方乘虚而入，两脚前滑，接近敌身；同时，左手鸡心捶向前冲击，伤敌胸部华盖穴。（图3-36）

❯ 图3-35

❯ 图3-36

3. 动作不停，我方右手鸡心捶再冲而去，连伤敌方华盖穴。（图3-37）

【穴位位置】

华盖穴：在胸部，横平第1肋间隙，前正中线上。

⊗ 图3-37

圈缠反搏打期门

【技击用法】

1. 敌方右脚上步，右拳冲击我方脸部。我方稍退，偏身避过，右掌上起，拦格敌方右臂。（图3-38）

2. 我方右手旋抓敌方右腕向右下方牵带；同时，身向右转，左腋（直臂）夹压敌方右肘（左肋前抵），扭折敌方右臂，致其身倾前仆。（图3-39）

3. 动作不停，我方乘机向左转身，左掌回拦反逼，迫其仰身失势之际，右手鸡心捶钻击敌方右肋，伤其期门穴。（图3-40）

【穴位位置】

期门穴：在胸部，乳头直下方，第6肋间隙，前正中线旁开4寸。

⚡ 图3-38

⚡ 图3-39

⚡ 图3-40

阴阳侧杀打腹结

【技击用法】

1. 我方抢攻，左腿弓步，右掌穿击敌方左肋。敌方向后退步，左掌下画，拦格我方右腕。（图3-41）

2. 随即，我方两脚垫步，沉身蹲桩；右掌向前上托敌方左臂之际，左手穿掌，插击敌方左侧腹结穴。（图3-42）

【穴位位置】

腹结穴：在下腹部，脐中下1.3寸，前正中线旁开4寸。

❯ 图3-41

❯ 图3-42

抛托插掌打天鼎

十六

【技击用法】

1. 敌方左脚上步，左拳崩击我方脸部。我方迅疾撤步，沉身后坐，右掌竖砍敌方左肘，伤其关节，滞其来势。（图3-43）

2. 动作不停，我方右手贴住敌方左臂向下压拨；同时，左脚斜跨一步；左手乘虚而入，向前穿插，击敌左颈天鼎穴。（图3-44）

【穴位位置】

天鼎穴：在颈外侧部，胸锁乳突肌后缘，结喉旁，扶突穴与缺盆穴连线中点。

图3-43

图3-44

老君拂袖打商曲

【技击用法】

1. 敌方向前滑步，左拳冲击我方脸部，我方左腿弓步，右臂挺劲伸直，右掌反画拦格。（图3-45）

2. 随即，我方右脚垫步，左脚跨至敌方裆下；同时，左手穿掌，放长击远，插向敌方腹部商曲穴。（图3-46）

【穴位位置】

商曲穴：在上腹部，脐中上2寸，前正中线旁开0.5寸。

❰ 图3-45

❰ 图3-46

左右拧手打俞府

【技击用法】

1. 敌方右脚上步，右拳崩击我方脸部。我方撤步吞身，左手上挑，拦格敌方右臂。（图3-47）

2. 敌方左脚前跨，左拳又来，两拳合力崩击我方脸部。我方两脚后滑，右掌上挑敌方左臂，两掌挺力封拦，顶住敌方攻势。（图3-48）

十八

❖ 图3-47

❖ 图3-48

3. 我方两掌寸劲外抖，震开敌方两拳之际，顺势旋抓敌方两腕，猛劲下拽，致敌前仆倾身。（图3-49）

4. 紧接着，我方松开两手，突然向前上方穿掌，戳击敌方俞府穴，出其不意，致其难逃。（图3-50）

【穴位位置】

俞府穴：在胸部，锁骨下缘，前正中线旁开2寸。

❱ 图3-49

❱ 图3-50

仙人撒网打神封

【技击用法】

1. 敌方右脚上步，右拳冲击我方脸部。我方撤步，沉身下坐，上起右手，格击敌方右臂。（图3-51）

2. 随即，我方左脚向前跨步；同时，左手向右大力劈击敌方右肘，致其剧痛难忍，整臂垂落，无力反抗。（图3-52）

❮❮ 图3-51

❮❮ 图3-52

3. 动作不停，我方左膝前弓，左掌顺势向前反甩敌方脸部；同时，右手乘机穿掌，向前插击，伤敌胸部神封穴。（图3-53）

【穴位位置】

神封穴：在胸部，第4肋间隙，前正中线旁开2寸。

⚡ 图3-53

海底捞月打会阴

二十

【技击用法】

1. 敌方移步旋身，右腿踹击我方裆部。我方右脚向右闪步，弓步侧身；同时，左掌下拍敌方右脚，阻挡敌方来劲。（图3-54）

2. 随即，我方左肘乘机兜抱敌方右小腿；同时，右脚上步，身体立起，使敌方身歪势乱。（图3-55）

3. 动作不停，我方右脚前滑；同时，右手顺势穿掌前击，戳打敌方裆部，伤其会阴穴。（图3-56）

【穴位位置】

会阴穴：男性阴囊根部与肛门连线的中点，女性大阴唇后联合与肛门连线的中点。

☆ 图3-54

☆ 图3-55

☆ 图3-56

辕门射戟打神藏

【技击用法】

1. 敌方右脚上步，右拳冲击我方脸部。我方向后滑步，吞身闪过，左手上挑，拦格敌方右臂。（图3-57）

2. 随即，我方左脚上步；右掌插击敌方咽喉。敌方仰头躲避。（图3-58）

图3-57

图3-58

3. 动作不停，我方右脚斜向右侧垫步，左脚进于敌方裆前；同时，右掌收回，左掌侧身发力，向前下插，击伤敌方胸部神藏穴。（图3-59）

【穴位位置】

神藏穴：在胸部，第2肋间隙，前正中线旁开2寸。

图3-59

文公擦掌打缺盆

【技击用法】

1. 敌方右脚上步，右拳冲击我方脸部。我方沉身后坐，避敌锋芒，左手上挑，拦格敌方右臂。（图3-60）

2. 随即，我方右脚前移，右膝前弓；同时，右拳崩向敌方嘴上人中穴。敌方右脚稍退，右臂屈肘，右手绕转，拦截我方右腕。（图3-61）

3. 动作不停，我方右拳变勾，向后勾压敌方右臂，使其上门洞开；左脚前跨一步，进于敌方裆前；同时，左手穿掌，向前插击，伤敌右侧缺盆穴。（图3-62）

二十二

【穴位位置】

缺盆穴：锁骨上窝中央，前正中线旁开4寸。

⊗ 图3-60

⊗ 图3-61

⊗ 图3-62

抛托大手打水突

【技击用法】

1. 敌方右脚上步，右拳冲击我方脸部。我方撤步吞身，避过敌拳，左手上起，拦格敌方右臂。（图3-63）

2. 我方快速反击，左脚前移；同时，右手穿掌，戳击敌方颈部，伤其左侧水突穴。（图3-64）

二十三

◈ 图3-63

◈ 图3-64

3. 我方连击不停，左掌再穿敌方水突穴，致其重伤。
（图3-65）

【穴位位置】

水突穴：在颈部，横平环状软骨，胸锁乳突肌的前缘，人迎穴与气舍穴连线的中点。

△ 图3-65

拦腰截气打四满

【技击用法】

1. 敌方突然进身，猛起右腿横踢我方头部。我方沉身下蹲，避过敌方右腿，两掌上提，蓄势待发。（图3-66）

2. 动作不停，我方弹劲起身，两脚前滑，左膝前弓；两掌一齐发力，向前上插，合击敌腹四满穴。（图3-67）

【穴位位置】

四满穴：在下腹部，脐中下2寸，前正中线旁开0.5寸。

❀ 图3-66

❀ 图3-67

二十五

迎风铁扇打不容

【技击用法】

1. 我方抢攻，两脚连续前滑；两掌轮番向前，用掌背甩打敌方脸部。敌方一直退步，避过我方掌击。（图3-68）

2. 动作不停，我方两脚继续前滑，紧逼敌方不放；两掌转向换势，出其不意，合力穿击，插敌上腹不容穴。（图3-69）

【穴位位置】

不容穴：在上腹部，脐中上6寸，前正中线旁开2寸。

☆ 图3-68

☆ 图3-69

蛟龙摆尾打渊腋

【技击用法】

1. 敌方左脚上步，左拳冲击我方脸部。我方撤步避过，左手上起，拦截敌方左腕。（图3-70）

2. 随即，我方左手顺势擒抓敌方左腕，向外旋拧；同时，左脚前滑；右掌按压敌方左肘，猛扭敌方关节，将其控制。（图3-71）

二十六

◈ 图3-70

◈ 图3-71

3. 动作不停，我方左脚上步，左膝前弓；同时，左手外拨敌方左臂；右掌前穿，短促突击，戳敌左侧渊腋穴。（图3-72）

【穴位位置】

渊腋穴：在胸外侧区，第4肋间隙中，腋中线上，腋下3寸。

△ 图3-72

下分手打腹哀

【技击用法】

1. 敌方垫步，飞出左脚弹踢我方裆部。我方撤步沉身，右手下画，勾拦敌方左脚，阻截敌方踢击。（图3-73）

2. 动作不停，我方右手勾提敌方左腿；同时，两脚上步；左手鸡心捶顺势前击，打敌右侧腹哀穴。（图3-74）

【穴位位置】

腹哀穴：在上腹部，脐中上3寸，前正中线旁开4寸。

❯❯ 图3-73

❯❯ 图3-74

落地捡柴打京门

【技击用法】

1. 敌方左脚上步，左拳反背砸击我方脸部。我方向后滑步，避过敌拳，右手斜劈敌方左肘，致其疼痛失力。（图3-75）

2. 随即，我方向右转体，提起左脚猛劲踩踏敌方左脚。（图3-76）

图3-75

图3-76

3. 接着，我方顺势沉身，左掌斜砍敌方左膝，伤其关节。（图3-77）

4. 动作不停，我方突然起身，上体左转，右手穿掌前插，击敌左肋京门穴；左脚一直紧踩敌脚，伤其难逃。（图3-78）

【穴位位置】

京门穴：在侧腰部，章门后1.8寸，第12肋骨游离端下方。

▲ 图3-77

▲ 图3-78

二十九

灵猫上树打云门

【技击用法】

1. 我方抢攻，左脚踩踏敌方右膝，伤其关节，阻其来击。（图3-79）

2. 随即，我方左脚前落，马步发力；同时，左手鸡心捶向前上打，击敌右胸云门穴。（图3-80）

☆ 图3-79

☆ 图3-80

3. 动作不停，我方起身弓步，右手鸡心捶再度出击，伤敌左胸云门穴。连环打穴，致其重伤。（图3-81）

【穴位位置】

云门穴：在胸部，锁骨下窝凹陷处，肩胛骨喙突上方，前正中线旁开6寸。

图3-81

后杀拉弓打关门

【技击用法】

1. 敌方右脚上步，左拳冲击我方脸部。我方撤步吞身，避过敌拳，左手上挑，拦格敌方左肘。（图3-82）

2. 随即，我方左掌向外旋压敌方左臂；同时，左脚上步，左膝前弓，右掌抡转向前，劈击敌方面部。（图3-83）

3. 动作不停，我方左手穿掌，向前插击，伤敌左腹关门穴。（图3-84）

【穴位位置】

关门穴：在上腹部，脐中上3寸，前正中线旁开2寸。

三十

⏫ 图3-82

⏫ 图3-83

⏫ 图3-84

水底捞石打气舍

【技击用法】

1. 敌方右脚上步，右拳冲击我方脸部。我方沉身下蹲，避过敌拳，左脚顺势向前仆步，伸向敌方右腿之后。（图3-85）

2. 随即，我方左手向前捞抱敌方右腿，随即起身；同时，右手穿掌，向前插击，伤敌右颈气舍穴。（图3-86）

【穴位位置】

气舍穴：在颈部，锁骨上小窝，锁骨内侧端的上缘，胸锁乳突肌的胸骨头与锁骨头中间的凹陷处。

图3-85

图3-86

抖手横杀打筋缩

【技击用法】

1. 敌方右脚上步，左拳向前栽击我方腹部。我方右脚向右闪步，重心右移，成右弓步；同时，左臂向外反画，拦格敌方左腕。（图3-87）

2. 随即，我方左脚向右前跨一步，左肘前送，顶撞敌方左肋。（图3-88）

❮ 图3-87

❮ 图3-88

3. 动作不停，我方向左转身，右手变鸡心捶，伤敌背脊筋缩穴。（图3-89）

【穴位位置】

筋缩穴：在背部，第9胸椎棘突下凹陷处，后正中线上。

△ 图3-89

寒鸡抱蛋打急脉

【技击用法】

1. 敌方移步，猛起右腿蹬踢我方脸部。我方向后滑步，避敌锋芒，右掌向左拦拍敌方右脚。（图3-90）

2. 随即，我方左脚上步，左膝前弓；同时，左肘顺势前兜敌方右小腿；右手穿掌，向前下插，伤敌左腹急脉穴。（图3-91）

【穴位位置】

急脉穴：在腹股沟区，在耻骨结节的外侧，气冲外下方腹股沟股动脉搏动处，前正中线旁开2.5寸。

图3-90

图3-91

勾漏顶肘打脑户

【技击用法】

1. 敌方左脚上步，左拳冲击我方脸部。我方撤步吞身，避敌锋芒，右手向左拦切敌方左臂。（图3-92）

2. 随即，我方右脚上步，右腿后绊敌方左腿；同时，左手向上擒抓敌方左腕；右前臂向左裹劲，格击敌方肘，伤敌关节，将其擒制。（图3-93）

三十四

⊗ 图3-92

⊗ 图3-93

3. 动作不停，我方两脚前滑；右肘向左横击，对准敌方后脑，伤其脑户穴。（图3-94）

【穴位位置】

脑户穴：在头部，后发际正中直上2.5寸，风府上1.5寸，枕外隆凸的上缘凹陷处。

▲ 图3-94

面花贴掇打天枢

【技击用法】

1. 敌方突然前移，右腿踹击我方头部。我方向后撤步，屈膝下蹲，潜身避过。（图3-95）

2. 随即，我方右脚上步，右膝前弓；同时，两手穿掌，一齐向前上插，击向敌方腹部，伤其天枢穴。（图3-96）

【穴位位置】

天枢穴：在腹中部，横平脐中，前正中线旁开2寸。

⊗ 图3-95

⊗ 图3-96

三十六

转体穿插打气户

【技击用法】

1. 敌方突起左脚，弹踢我方腹部。我方撤步蹲身，两掌一齐拦切，阻截敌方左小腿。（图3-97）

2. 动作不停，我方迅速起身，右脚外展，左脚上步，侧身发力；同时，左手穿掌，向前上插，击敌左侧气户穴将其制伏。（图3-98）

【穴位位置】

气户穴：在胸部，锁骨中点下缘，前正中线旁开4寸。

⊘ 图3-97

⊘ 图3-98

三娘喝水打气冲

【技击用法】

1. 敌方右脚上步，右拳崩击我方脸部。我方闪身避过，两手上起，右手拦敌拳背，左手拦敌右肩，向右卸化。（图3-99）

2. 随即，我方左手向右划劲下压敌方右臂；同时，左脚上步，左膝前弓；右手顺势穿掌，向前下插，击敌右腹气冲穴。（图3-100）

【穴位位置】

气冲穴：在腹股沟区，脐中下5寸，前正中线旁开2寸。

图3-99

图3-100

167

顺手牵羊打志室

【技击用法】

1. 敌方移步，右脚弹踢我方裆部。我方右脚向右闪跨，避过敌方腿踢，左手向下反画，勾拦敌方右小腿。（图3-101）

2. 随即，我方左手抄抱敌方右腿，向上兜旋；同时，右手向前上画，抓住敌方右腕向右牵拽；左脚向左后方撤步助势，致敌失衡前仆。（图3-102）

❰ 图3-101

❰ 图3-102

3. 动作不停，我方右手松开敌方右腕，乘机打穴，突变鸡心捶，伤敌腰部志室穴。（图3-103）

【穴位位置】

志室穴：在腰部，第2腰椎棘突下，后正中线旁开3寸。

△ 图3-103

凤凰晒翅打食窦

【技击用法】

1. 敌方左脚上步，左拳冲击我方胸部。我方上体左旋，右臂垂下，拦格敌方左臂，向左裹劲，拨开来拳。（图3-104）

2. 随即，我方左臂用力划弧，拨架敌方左臂；同时，左脚上步，左膝前弓；右掌向前上穿，掌尖发劲，插击敌方左胸食窦穴。（图3-105）

【穴位位置】

食窦穴：在胸外侧部，第5肋间隙，前正中线旁开6寸。

❮ 图3-104

❮ 图3-105

浪里翻身打步廊

【技击用法】

四十

1. 敌方移步，左脚弹踢我方裆部。我方向后撤步，屈膝半蹲；上身前倾，两掌交叉，下推敌方左脚。（图3-106）

2. 随即，我方两手向下抖劲，震落敌方左脚之际，上身迅疾左转，左掌随之向后扫击敌方左腮。敌方收步立身，左臂屈肘，阻截我方左臂，化解我方掌击。（图3-107）

☆ 图3-106

☆ 图3-107

3. 接着，我方向右转体约半周，沉身蹲步；两掌随之穿插而去，掌心向上，合击敌方裆部。敌方右脚退步，左腿屈膝提起，避过我方两掌。（图3-108）

4. 动作不停，我方跟踪追击，两脚前滑；同时，两掌内旋，向前上插，掌心向下，合击敌方胸前步廊穴。（图3-109）

【穴位位置】

步廊穴：在胸部，第5肋间隙，前正中线旁开2寸。

⌃ 图3-108

⌃ 图3-109

劈托大手打辄筋

【技击用法】

1. 敌方右脚向前盖步，突起左腿，扫踢我方右腿。我方撤步蹲身，右掌向外拦切敌方左小腿。（图3-110）

2. 随即，我方左脚上步，屈膝俯身；左勾手前伸，勾挂敌方右小腿。敌方见势，左脚后收落地，右腿屈膝提起，避开我招。（图3-111）

图3-110

图3-111

3. 接着，我方两脚前滑，立身而起；同时，右手穿掌，向前上插，击敌右胸辄筋穴。（图3-112）

4. 动作不停，我方紧跟左手鸡心捶，再击敌方辄筋穴，致其气闭血滞。（图3-113）

【穴位位置】

辄筋穴：在侧胸部，第4肋间隙中，平乳头，渊腋前1寸。

❯ 图3-112

❯ 图3-113

叶里偷桃打玉堂

【技击用法】

1. 敌方右脚上步，右拳冲击我方脸部。我方撤步闪过，左手上画，拦格敌方右臂，阻截敌方拳击。（图3-114）

2. 敌方左拳紧随冲出，再打我方脸部。我方右手握拳，右臂屈肘上提，向右拦挡敌方左臂；同时，左脚迅疾前移，左手鸡心捶猛劲还击，冲打敌方胸前玉堂穴。（图3-115）

【穴位位置】

玉堂穴：在胸部，横平第3肋间隙，前正中线上。

四十二

⊗ 图3-114

⊗ 图3-115

四十三

缠牵手打灵墟

【技击用法】

1. 敌方右脚上步，右拳冲击我方胸部。我方撤步闪过，两掌交叉，合架敌方右臂。（图3-116）

2. 随即，我方向右旋身，右手外旋抓缠敌方右腕或右手，左肘盘压敌方右肘，合力擒拿，伤其腕肘关节，致其膝跪身歪。（图3-117）

⤊ 图3-116

⤊ 图3-117

3. 动作不停，我方左手下伸，左肘下压敌方右臂；同时，两脚摆扣，弓步发力；右手屈指握成鸡心捶，向前崩劲点打，伤敌胸部灵墟穴。（图3-118）

【穴位位置】

灵墟穴：在胸部，第3肋间隙，前正中线旁开2寸。

⊗ 图3-118

倒踢铜炉打极泉

【技击用法】

1. 敌方左脚上步，左拳横扫我方头部。我方疾撤一步，向左转体，右腿提膝，避过敌拳。（图3-119）

2. 动作不停，我方借势向左倾身，送出右腿，发力蹬踢，震击敌方左腋极泉穴。（图3-120）

【穴位位置】

极泉穴：在腋部，腋窝顶点，腋动脉搏动处。

▲ 图3-119

▲ 图3-120

推山入海打幽门

【技击用法】

1. 敌方左脚上步，左拳冲击我方脸部。我方迅速撤步，低马屈蹲，避过敌拳。（图3-121）

2. 随即，我方右脚前移，起身弓步；同时，两掌前穿，合击敌方上腹幽门穴。（图3-122）

【穴位位置】

幽门穴：在上腹部，脐中上6寸，前正中线旁开0.5寸。

❯ 图3-121

❯ 图3-122

四十六

浪子踢球打曲骨

【技击用法】

1. 敌方右脚上步，右拳冲击我方脸部。我方撤步吞身，避敌锋芒，右手上挑，拦切敌方右臂，阻截敌拳攻击。（图3-123）

2. 随即，我方左手向上弹甩而起，震开敌方右臂；同时，右脚向前弹出，脚尖发力，点踢敌方小腹，弹腿如镖，伤其曲骨穴。（图3-124）

【穴位位置】

曲骨穴：在下腹部，耻骨联合上缘的中点处，前正中线上。

❖ 图3-123

❖ 图3-124

抛托手打中脘

【技击用法】

1. 敌方左脚上步，左拳冲击我方脸部。我方向右旋身，左臂向右裹格敌方左臂，化解敌方劲势。（图3-125）

2. 敌方右拳紧随，又向我方脸部冲打而来。我方上体左旋，两脚摆扣，左臂向左裹格敌方右臂；同时，右手穿掌，向前插出，戳击敌方上腹中脘穴。（图3-126）

【穴位位置】

中脘穴：在上腹部，脐中上4寸，前正中线上。

四十七

图3-125

图3-126

四十八

圆滚大手打中庭

【技击用法】

1. 敌方右脚垫步,左脚弹踢我方裆部。我方迅疾撤步,屈膝沉身,上身前俯,两掌交叉,向下砸压敌方左脚。(图3-127)

2. 动作不停,我方右肘顺势向上兜夹敌方左小腿,致其仰身失力;同时,右脚前移,右膝前弓;左手鸡心捶向前冲击,击其胸部中庭穴。(图3-128)

【穴位位置】

中庭穴:在胸部,胸剑结合中点处,前正中线上。

❖ 图3-127

❖ 图3-128

圈缠反撑打头窍阴

四十九

【技击用法】

1. 敌方左脚上步，左拳冲击我方脸部。我方撤步，避过敌拳之际，左膝前弓，左臂用力前伸拦格敌方左肘，右掌立起向左封闭。（图3-129）

2. 敌方右脚紧随踢出，弹击我方裆部。我方沉身右旋，右手下画拦抓敌方右脚，向右牵拉；同时，左臂旋撞敌方右膝，伤敌关节，致其失衡，身歪欲倒。（图3-130）

图3-129

图3-130

3. 动作不停，我方向左转身，上身前探，右手丢开敌方右脚，两手以鸡心捶向前合力夹击，伤敌头窍阴穴。（图3-131）

【穴位位置】

头窍阴穴：在头部，耳后乳突的后上方，天冲穴与完骨穴弧形连线中三分之一与下三分之一交点处。

⚠ 图3-131

五十

老道撞钟打风府

【技击用法】

1. 敌方右脚上步，左拳冲击我方脸部。我方向后撤一小步；同时，右掌拍格敌方左肘，阻截敌方拳击。（图3-132）

2. 随即，我方右脚稍进，左腿弹出，踢击敌方裆部。敌方右步后收，左脚摆步，偏身避过。（图3-133）

3. 敌方负隅顽抗，又借势沉身右转，左腿擦地横扫我方右脚。我方招架不及，赶紧跳起，避过敌方扫踢。（图3-134）

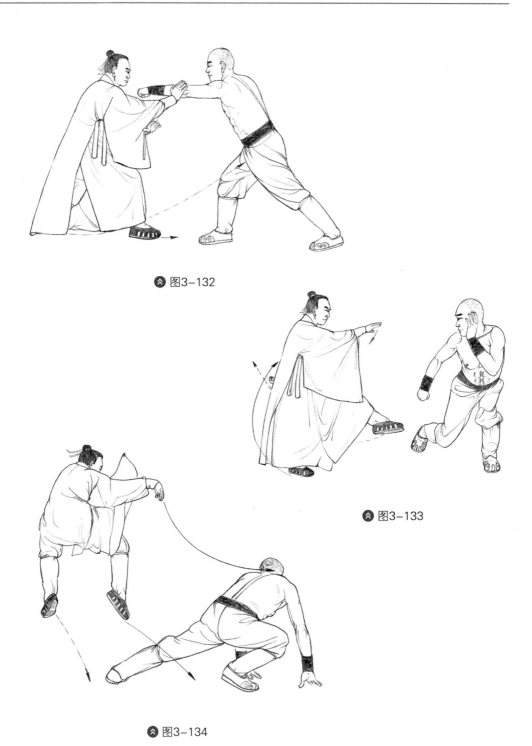

❮ 图3-132

❮ 图3-133

❮ 图3-134

4. 动作不停，我方迅疾落步，右膝前弓；探身发力，右手鸡心捶凌空下崩，前击敌方颈部风府穴，将其摧毁于地。（图3-135）

【穴位位置】

风府穴：在颈后区，枕外隆凸直下，两侧斜方肌之间凹陷处。

图3-135

卷地风打神道

【技击用法】

1. 敌方移步，左脚弹踢我方腹部。我方撤步后坐，闪过敌腿，右掌削击敌方左脚，阻其来劲。（图3-136）

2. 随即，我方左掌前伸，向左拦压敌方左肩；同时，向右转体，左脚向前搓踢敌方右脚踝关节，致敌侧倾失力。（图3-137）

3. 动作不停，我方左脚落地，向左旋身；右掌继续加力，右手鸡心捶乘机划劲前圈，猛击敌方后背神道穴。（图3-138）

【穴位位置】

神道穴：在脊柱区，第6胸椎棘突下凹陷处，后正中线上。

⊗ 图3-136

⊗ 图3-137　　　　　　　　　　⊗ 图3-138

五十二

撞肩风打阴廉

【技击用法】

1. 敌方右脚上步，右掌穿打我方脸部。我方向右闪过，顺势紧逼，两脚前滑，左腿弓步，左肩前撞敌方右胸，使敌方身歪势乱，疼痛失力。（图3-139）

2. 随即，我方跟踪追击，右手鸡心捶突袭，打敌左胯阴廉穴，致其难逃。（图3-140）

【穴位位置】

阴廉穴：在股前区大腿内侧，气冲穴直下2寸，大腿根部，耻骨结节的下方，长收肌的外缘。

❰❰ 图3-139

❰❰ 图3-140

推窗望月打巨阙

五十三

【技击用法】

1. 敌方前移，右脚弹踢我方腹部。我方撤步吞身，避过来腿，右掌下劈，伤敌右脚。（图3-141）

2. 随即，我方左脚前移，坐马发力，左手鸡心捶向前崩击而去，伤敌上腹巨阙穴。（图3-142）

图3-141

图3-142

3. 动作不停，我方左腿弓步，探身再打，右手鸡心捶又出，再击敌方巨阙穴，致其重伤。（图3-143）

【穴位位置】

巨阙穴：在上腹部，脐中上6寸，前正中线上。

△ 图3-143

浪子摇船打强间

【技击用法】

1. 我方抢攻，两脚前滑，右膝前弓；右掌前甩敌方脸部。敌方匆忙仰身后闪。（图3-144）

2. 随即，我方右掌向左旋压敌方右臂，向左转身约半周；同时，左手反背猛甩敌方后脑或耳门。（图3-145）

3. 动作不停，我方再向右转，右手鸡心捶弧劲圈打，奇袭敌方后脑强间穴。此招左转右旋，弧劲多变，犀利难挡，防不胜防。（图3-146）

【穴位位置】

强间穴：在头部，后发际正中直上4寸。

⊗ 图3-144

⊗ 图3-145

⊗ 图3-146

关门拒敌方打扶突

【技击用法】

1. 敌方右脚上步，右拳冲击我方脸部。我方向左偏身，轻松闪过，左掌立起，封拦敌方右肘。（图3-147）

2. 随即，我方左掌向右按压敌方右臂，致其右拳下落失力之际，左脚上步，左膝前弓；同时，右手鸡心捶乘机上勾，伤敌左颈扶突穴。（图3-148）

⚞ 图3-147

⚞ 图3-148

3. 动作不停，我方右脚向右斜摆，两腿屈蹲，马步发力；左掌猛劲前抖，对准敌方心窝，将其震跌而去。（图3-149）

【穴位位置】

扶突穴：在颈外侧部，横平喉结，胸锁乳突肌前、后缘中间。

▲图3-149

揽纱逼手打日月

【技击用法】

1. 敌方右脚上步，右拳冲击我方脸部。我方向右偏身，轻松闪过，左掌上封，防敌突变；同时，快速反击，右手鸡心捶崩出，打敌右肋日月穴。（图3-150）

2. 动作不停，我方左脚前移；左手鸡心捶又出，沉身发劲，短促突击，再打敌方日月穴，致其重伤。（图3-151）

【穴位位置】

日月穴：在上腹部，乳头直下方，第7肋间隙，前正中线旁开4寸。

图3-150

图3-151

双掼铜壶打横骨

【技击用法】

1. 我方抢攻，两脚前滑，左脚前踏，沉身坐胯；同时，左手成爪，向前直接捅击敌方小腹横骨穴。（图3-152）

2. 动作不停，我方左爪变拳，向左上抢，震开敌手；同时，右手鸡心捶放长击远，再击敌方横骨穴。（图3-153）

【穴位位置】

横骨穴：在下腹部，脐中下5寸，前正中线旁开0.5寸。

❯ 图3-152

❯ 图3-153

五十八

通臂五雷打石门

【技击用法】

1. 敌方右脚上步，右拳冲击我方脸部。我方略向后滑步，避敌锋芒，两掌一齐向上拦推敌方右臂。（图3-154）

2. 动作不停，我方两脚斜形跨步；上体右旋，俯身发力，左手鸡心捶向下栽打，伤敌小腹石门穴。（图3-155）

【穴位位置】

石门穴：在下腹部，脐中下2寸，前正中线上。

❯ 图3-154

❯ 图3-155

贴夺打箕门

【技击用法】

1. 敌方前移，猛起右腿横扫我方头部。我方见敌方势猛，沉身下坐，避过来腿，两掌上提，拦护上门。（图3-156）

2. 动作不停，我方左脚前滑，跪步潜身；同时，左手向前斜推敌方右大腿，致其身歪欲倒；右手鸡心捶快速跟进，崩击敌方左腿箕门穴。（图3-157）

【穴位位置】

箕门穴：在大腿内侧，血海穴与冲门穴连线上，血海穴上6寸。

⏪ 图3-156

⏪ 图3-157

叶底藏花打身柱

【技击用法】

1. 敌方右脚上步，右拳冲击我方脸部。我方撤步吞身，避过敌拳，右手向左拍拦敌方右臂。（图3-158）

2. 我方左手上起擒抓敌方右腕，随即向右旋身拉拽，左肘夹压敌方右肘助劲，致敌栽头前仆。（图3-159）

⊗ 图3-158

⊗ 图3-159

3. 动作不停，我方两脚向左移步，左手继续牵拉，拽直敌方右臂，扭别敌方右肩，致其躬身难动；右手鸡心捶圈劲下栽，击打敌方背脊身柱穴，伤其难逃。（图3-160）

【穴位位置】

身柱穴：在脊柱区，第3胸椎棘突下凹陷处，后正中线上。

⚑ 图3-160

拉弓势打大包

【技击用法】

1. 敌方右脚上步，右拳崩击我方脸部。我方撤退一步，沉身后坐，右掌上挑，拦拨敌方右臂。（图3-161）

2. 随即，我方右手旋抓敌方右腕，向右下拽；同时，左脚上步，右脚外摆，向右旋身；左爪直接向前捅击，伤敌右胸大包穴。（图3-162）

【穴位位置】

大包穴：在侧胸部，第6肋间隙，腋中线上。

⤊ 图3-161

⤊ 图3-162

顺牵反逼打中府

【技击用法】

1. 我方两脚前滑，左掌前插敌方面部。敌方退步，沉身后坐，右拳上翻，右臂格挡我方左腕。（图3-163）

2. 随即，我方右手旋抓敌方右腕或右手，向右后拽；同时，身向右转，左前臂向右裹格敌方右肘，伤敌关节，致其前仆。（图3-164）

图3-163

图3-164

3. 动作不停，我方左臂拦压敌方右肘；同时，两脚摆扣，左腿弓步；右手鸡心捶顺势打出，击敌右胸中府穴。（图3-165）

【穴位位置】

中府穴：在胸部，横平第1肋间隙，胸前壁的外上方，前正中线旁开6寸。

↑ 图3-165

六十三

掌劈华山打脊中

【技击用法】

1. 敌方右脚上步，右拳崩击我方脸部。我方退步吞身，避过敌拳；右手上挑，拦格敌方右臂。（图3-166）

2. 随即，我方右掌旋抓敌方右腕，向右猛劲牵拧，擒拿敌方右臂，致其前栽失力；同时，左脚前移，右脚跟步，进于敌方右侧；向右旋身，左手鸡心捶圈砸而下，伤敌脊中穴。（图3-167）

【穴位位置】

脊中穴：在脊柱区，第11胸椎棘突下凹陷处，后正中线上。

❖ 图3-166

❖ 图3-167

阴阳标指打紫宫

【技击用法】

1. 敌方右脚上步，右拳崩击我方胸部。我方撤步，吞身后坐，左手拦抓敌方右臂；右掌劈击敌方右肘曲池穴，致其疼痛失力。（图3-168）

2. 随即，我方左手向下旋压敌方右臂；同时，两脚前滑；右掌顺势前插，击敌胸部紫宫穴。（图3-169）

图3-168

图3-169

3. 动作不停，我方左手鸡心捶紧随冲出，再击敌方紫宫穴。（图3-170）

【穴位位置】

紫宫穴：在胸部，横平第2肋间隙，前正中线上。

↑ 图3-170

提拦手打至阳

【技击用法】

1. 敌方右脚上步，右拳崩击我方脸部。我方向右转身，侧势闪过；右手上拦敌方右拳，防其连击。（图3-171）

2. 随即，我方右手抓拧敌方右腕；同时，左手抓按敌方右肘，先行擒拿，将其控制。如我方左手使用大力，即可折其右臂肘关节。如敌欲行解脱，我方则乘机打穴。（图3-172）

3. 我方向左转身，右手鸡心捶猛劲下栽，击敌后背至阳穴，致其重伤前仆。（图3-173）

【穴位位置】

至阳穴：在脊柱区，第7胸椎棘突下凹陷处，后正中线上。

图3-171

图3-172

图3-173

绊腿劈掌打环跳

六十六

【技击用法】

1. 我方抢攻，两脚前滑，跪步潜身；左掌斜劈敌方右腿腘窝，伤其关节，致其疼痛。（图3-174）

2. 随即，我方顺势右手上画，拨转敌方右腕；同时，左手鸡心捶乘机圈打，击敌右侧环跳穴。（图3-175）

【穴位位置】

环跳穴：股骨大转子最高点与骶管裂孔连线上，外三分之一与中三分之一交点处。

◈ 图3-174

◈ 图3-175

鹤缩吞身打上脘

【技击用法】

1. 敌方前移，右腿蹬踢我方脸部。我方稍撤，虚步缩身，避过敌腿。（图3-176）

2. 随即，我方左脚上步，左腿弓步；同时，左手鸡心捶对准敌方上脘穴，一击伤之。（图3-177）

【穴位位置】

上脘穴：在上腹部，脐中上5寸，前正中线上。

❯ 图3-176

❯ 图3-177

定子手打气海

【技击用法】

1. 我方抢攻，左脚进敌洪门，半马发力，左手食指点击敌方眼睛。敌方向左偏身，上提两掌拦截，化解我招。（图3-178）

2. 动作不停，我方左手快速内圈下转，变鸡心捶旋劲抖击，伤敌小腹气海穴。（图3-179）

【穴位位置】

气海穴：在下腹部，脐中下1.5寸，前正中线上。

六十八

⊗ 图3-178

⊗ 图3-179

六十九

铁牛耕地打上关

【技击用法】

1. 敌方左脚上步，左拳冲击我方脸部。我方撤步闪过，弓步用力，左掌上拦，顶其左肘。（图3-180）

2. 敌方出拳受阻，又出右脚弹踢我方裆部。我方右脚后撤，避过敌腿；左手勾挂，外拨敌腿。（图3-181）

❰ 图3-180

❰ 图3-181

3. 动作不停，我方两脚前滑，左膝前弓；同时，两手鸡心捶向前上圈，夹击敌方上关穴。（图3-182）

【穴位位置】

上关穴：在面部，下关直上，颧弓上缘凹陷处。

△ 图3-182

双插掌打大赫

【技击用法】

1. 敌方前移，突起右腿，猛向我方头部下劈而来。我方见敌方起腿，后发先至，立即屈蹲两腿，沉步稳势；两掌同时用力上托敌方右小腿，顶住敌方来势，不让其劲全发。（图3-183）

2. 随即，我方右脚上步；同时，两手穿掌，一齐前插，合击敌方小腹大赫穴。（图3-184）

【穴位位置】

大赫穴：在下腹部，脐中下4寸，前正中线旁开0.5寸。

七十

图3-183

图3-184

抛三关打水分

【技击用法】

1. 敌方左脚上步，左拳冲击我方脸部。我方左脚左摆，成左横裆步；右手上推，拦住敌方左臂。（图3-185）

2. 随即，我方右手按压敌方左臂向下外画，甩开敌方左手；同时，两脚前滑，成左半马步；左掌向前下穿，击敌腹部水分穴。（图3-186）

七十一

⚡ 图3-185

⚡ 图3-186

3. 接着，我方立身，左腿弓步；同时，右掌成勾手向前划弧横摆，手背发劲，甩击敌方鼻子。敌方急忙仰头。（图3-187）

4. 动作不停，我方左手鸡心捶乘机下打，再击敌方水分穴，致其重伤。（图3-188）

【穴位位置】

水分穴：在上腹部，脐中上1寸，前正中线上。

⤊ 图3-187

⤊ 图3-188

孔明穿针打天柱

【技击用法】

1. 敌方左脚上步，左拳冲击我方脸部。我方左脚向左后摆一步，重心右移成右横裆步；同时，左手上画，拦抓敌方左腕；右勾手向上提打，弹劲抖击敌方左肩，致其疼痛失力。（图3–189）

2. 随即，我方左手顺势抓紧敌方左腕，向左后下方猛劲牵拽，使之前仆欲倒。（图3–190）

七十二

⊗ 图3–189

⊗ 图3–190

3. 接着，我方左手松开其腕，变拳猛砸敌方后脑，伤其天柱穴。（图3-191）

4. 动作不停，我方换势变招，向左转身，左脚向左弧形摆步，右脚向前弧形上步；同时，右手鸡心捶放长击远，再度栽打敌方天柱穴，致其重伤方止。（图3-192）

【穴位位置】

天柱穴：在颈后区，后发际正中旁开1.3寸，斜方肌外缘凹陷处。

⊛ 图3-191

⊛ 图3-192